딜리셔스
파스타

Delicious
Pasta

<이유섭 지음>

그리고책
andbooks

딜리셔스 파스타
1판 1쇄 발행 2021년 5월 1일

지은이	이유섭
펴낸이	김선숙, 이돈희
펴낸곳	그리고책(주식회사 이밥차)
주소	서울시 서대문구 연희로192 이밥차빌딩
대표전화	02-717-5486
팩스	02-717-5427
홈페이지	www.2bab.co.kr
출판등록	2003년 4월 4일 제10-2621호
본부장	이정순
편집진행	김은진
영업마케팅	이교준, 백수진, 임정섭, 김지원, 이가원
경영지원	원희주
포토	양성모
디자인	강승연
협찬	열매달 www.yeolmaedal.co.kr
	땅콩월드 www.ddwd.co.kr
	제이보울스 www.jbowls.com
	아트플레이트 www.artplate.co.kr
	소이재 @soijae_pottery
	전상근도자기 @siktam_ceramic

ⓒ2021 그리고책
ISBN 979-11-970531-6-0 13590

·All rights reserved. First edition printed 2021. Printed in Korea.
·이 책을 무단 복사, 복제, 전재하는 것은 저작권법에 저촉됩니다.
·값은 뒤표지에 있습니다. 잘못 만들어진 책은 바꾸어 드립니다.
·책 내용 중 궁금한 사항이 있으시면 그리고책(02-717-5486, 이메일 tiz@2bc.co.kr)으로 문의해 주십시오.

신선하고 좋은 재료로 손쉽게 요리해서
즐겁게 먹는 것, 그것이 내 요리 철학이다.

Vini e Olii Chef U.S 1994

INTRO

양식을 먹을 때마다 생각나는 사람이 있습니다. 오래 전, 재래시장에서 아메리칸 먹치즈, 버터, 피넛잼 등 미국 수입 식품을 파셨던 어머니의 친구 분입니다. 어머니는 친구분 가게에서 자주 수입 식품을 사오셨고, 저는 어릴 적부터 다양한 식재료를 눈으로 입으로 경험하게 되었습니다. 그리고 밥에 마요네즈를 넣어 비벼먹고 아메리칸 먹치즈를 콩나물국에 말아먹는 등 특이한 식성과 맛에 대한 호기심 때문에 남다른 지금의 입맛을 갖게 되었고 자연스레 요리사의 길을 걷게 되었습니다.

제게는 어려서부터 된장, 고추장, 간장을 손수 직접 만드셔서 지금까지 요리에 사용하고 계신 어머니가 계십니다. 그리고 이런 어머니 덕분에 "신선하고 좋은 재료를 손쉽게 요리해서 즐겁게 먹는 것"이라는 제 요리 철학이 자연스럽게 생겨났습니다. 사실 '짧은 시간 간단하게 요리를 해서 맛있게 먹는다'라는 것은 자칫 수년간 요리를 위해 노력해온 셰프님들의 심기를 거슬리게 하는 말일 수도 있습니다. 하지만 저는 요리에 대한 오픈 마인드, 좋은 식재료를 사용하는 것이 맛있는 요리로 가는 지름길이라는 것을 강조하고 싶습니다. 어머님이 손수 만들어주신 고추장만 있다면 냄비에 고추장과 적당량의 물과 설탕이나 조청을 넣고 쌀떡이냐 밀떡이냐 떡의 종류만 선택해서 넣고 끓이면 맛있는 떡볶이가 되는 것처럼 말이죠. 할머니의 정성이 들어간 정말 맛있는 고추장이 있으니 저의 네 아이 아인이, 태인이, 시원이, 다인이에게는 최고로 맛있는 떡볶이가 되는 것입니다.

독자님들은 그럼 적당량의 고추장과 적당량의 물… 과연 '적당량'이란 과연 얼마만큼을 넣어야 하는지 고민되실 수도 있겠지요. 그래서 이 책에서는 20년이 넘는 긴 시간동안 요리를 하면서 경험을 통해 얻은 제 노하우를 하나하나 풀어드릴 생각입니다. 독자님들은 이 책의 레시피로 요리를 하신다면 '별거 아니였네?'라는 자신감과 행복을 느끼실 수 있을 겁니다. 단, 주의하실 점은 레시피에 소개된 재료의 분량을 꼭 지키시고, 겸손이라는 양념으로 항상

무장하십시오. 그렇게 두 번, 세 번 만들다 보면 자기만의 노하우가 분명 생기게 될 것입니다. 그때 독자님의 생각을 양념하면 됩니다. 그러면 제 레시피보다 더 맛있는 레시피가 만들어질 수도 있을 거예요. 요즘 때 아닌 코로나19 바이러스 때문에 외식 대신 집에서 요리를 하는 분들이 늘어나고 외식으로만 먹던 메뉴 또한 집에서 직접 만드는 분들이 많아졌지요. 이런 시기에 집에서도 누구나 간편하게 맛있고 건강한 파스타를 만들어 드실 수 있기를 바라는 마음을 담아 이 책을 만들었습니다.

어릴 적부터 좋은 식재료에 대해 자연스레 몸으로 느끼고 배우게 해주신 저의 어머님께 감사의 말씀을 올립니다. 그리고 제 요리를 근사한 사진으로 담아주신 양성모 실장님과 제 레시피가 세상에 나올 수 있도록 손잡아주신 '그리고 책'의 편집 식구들, 무엇보다도 8년 전, 우연히 '비니에올리'의 손님으로 오셨다가 지금까지 단골손님으로 절 찾아주고 계신, 더불어 이 책을 기획하고 진행해주신 김은진 에디터님께 감사의 말씀을 드리고 싶습니다. 또한 이 책을 낼 때까지 제 인생의 모토이자 주방의 사수이자 꼼꼼하고 철저하게 주방의 청결과 질서에 대해서 가르침을 주신 한국 호텔 관광 전문학교 이재현 교수님과 동국대 호텔 관광 외식 경영학부 학부장 전병길 교수님께 다시 한 번 고개 숙여 감사의 말씀을 전합니다.

요리책을 준비하면서 가장 힘들었던 점이라면 '누구를 기준으로 할 것이냐'와 '어떤 메시지를 전할 것이냐'라는 것이었습니다. 이 책의 기준은 주부만도, 자취생만을 위한 것도 아닙니다. 누가 되었든 저의 어머니가 자식을 위해 고추장을 담그셨던 그 마음을 가진 사람이라면 이 책은 분명 반가운 요리책이 될 것입니다. 사람들의 입맛이 조금씩 다르다보니 맛에 대한 호불호가 나뉠 수도 있겠지요. 그러나 마지막에 완성된 레시피는 여러분의 몫입니다. 직접 만든 정성 가득한 파스타를 사랑하는 이들과 함께 먹으며 행복한 식사시간을 즐기는데 이 책이 도움이 될 수 있기를 진심으로 바랍니다.

비니에올리 셰프 이유섭(링기리)
Vini e Olii Chef U.S(Linggiri)

INTRO(저자글)

ABOUT 파스타
1 파스타의 종류   18
2 기본 식재료   21
3 기본 조리도구   24
4 셰프가 알려주는 파스타 기본 조리법   27

CHAPTER 1.
모두의 페이보릿, BASIC PASTA

1 감베리 로제 링귀네   30
2 돼지목살 대파 오일 푸실리   32
3 그란끼오 크림 스파게티   34
4 봉골레 오일 링귀네   36
5 풍기 화이트라구 콘킬리에   38
6 리코타치즈 아라비아따 펜네   40
7 알리오 올리오 링귀네   42
8 슈림프 갈릭 크림 탈리아텔레   44
9 만조 풍기 페투치네   46
10 꼬제 피칸테 스파게티   48

CHAPTER 2.
쉽게 구하는 재료로 심플하게, HOME PASTA

1 카르보나라 링귀네   52
2 삼겹살 대파 페투치네   54

3	풍기 트러플 카사레치아	56
4	백명란 크림 스파게티	58
5	김치 수란 스파게티	60
6	베이컨 포테이토 파파르델레	62
7	살몬 감베리 로제 피칸테 페투치네	64

CHAPTER 3.
레스토랑처럼, SPECIAL PASTA

1	봉골레 바질페스토 링귀네	68
2	포르치니 크레마 링귀네	70
3	버팔로 토마토 스파게티	72
4	마레 토마토 스파게티	74
5	전복내장크림 콘킬리에 카사레치아	76
6	관자 오일 탈리아텔레	78
7	라구알라 볼로네제 파파르델레	80
8	생굴 크림 스파게티	82
9	성게알 게살 오일 탈리아텔레	84
10	날치알 슈림프 오일 페투치네	86
11	아마트리치아나 부카티니	88
12	살몬 크레마 파파르델레	90

CHAPTER 4.
비건을 위한, VEGETARIAN PASTA

1	순무잎 병아리콩 카사레치아	94
2	마늘종 가지 오일 링귀네	96
3	절인 버섯 오일 통밀리가토니	98
4	아티초크 토마토 콩카세 콘킬리에	100
5	미나리페스토 탈리아텔레	102
6	버라이어티 올리브오일 링귀네	104
7	냉이 두부 된장 콘킬리에	106
8	고사리 병아리콩 푸실리	108

| 9 | 시금치 토마토 푸실리 | 110 |
| 10 | 두부 아보카도 키드니빈스 뇨키 | 112 |

CHAPTER 5.
몸도 마음도 가볍게 즐기는, DIET PASTA

1	구운채소 돌문어 오일 탈리아텔레	116
2	구운가지 화이트 라구 링귀네	118
3	성게알 알리오 올리오 링귀네	120
4	브로콜리 시금치 크림 리가토니	122
5	채끝등심 꽈리고추 토마토 파파르델레	124
6	쿠스쿠스 흰살생선 파스타	126
7	버섯 시금치 닭가슴살 크림 파케리	128
8	닭가슴살 안초비 오일 페투치네	130
9	라따뚜이 흰살생선구이 토마토 스파게티	132
10	백명란 오일 링귀네	134

CHAPTER 6.
성장기 어린이를 위한, KIDS PASTA

1	닭가슴살 크림 리가토니	138
2	체더치즈 소시지 로제 스파게티	140
3	홍게속살 로제 스파게티	142
4	5가지 치즈 오븐미트 리가토니	144
5	안심 크림 링귀네	146
6	프레시모차렐라 포모도로 카사레치아	148
7	아스파라거스 브로콜리 베이컨 토마토 스파게티	150
8	볼로네제 부라타 로제 링귀네	152

CHAPTER 7.
파스타와 함께 먹으면 더 맛있는, RISOTTO & SALAD

1	생굴 대파 크림 리소토	156
2	4가지 버섯 크림 리소토	158
3	한치튀김 먹물 리소토	160
4	들깨 버섯구이 크림 리소토	162
5	트러플페스토 리소토	164
6	시저 샐러드	166
7	안심스테이크 샐러드	168
8	구운채소 아보카도 샐러드	170
9	연어 샐러드	172
10	버팔로 먹물 튀김 샐러드	174

PLUS RECIPE. 미리 만드는 파스타 소스 & 피클

1	라구소스	177
2	포르치니소스	178
3	바질페스토	179
4	백명란오일소스	180
5	'비니에올리'표 수제 피클	181

ABOUT PASTA

1 파스타의 종류
2 기본 식재료
3 기본 조리도구
4 셰프가 알려주는 파스타 기본 조리법

TYPE OF PASTA

1. 파스타의 종류

파스타는 모양과 길이, 굵기 등에 따라 여러 종류가 있지요. 파스타의 종류에 따라 삶는 시간이 다르고 각각의 어울리는 소스가 있습니다. 주변에서 쉽게 구할 수 있는 대표적인 파스타 18가지를 소개합니다.

1 스파게티
가장 대중적이며 한국인이 좋아하는 파스타로 가늘고 긴 소면 모양을 갖고 있다. 모든 소스와 잘 어울리고 활용도가 높아서 인기가 많은 파스타 중 하나.

2 링귀네
스파게티를 납작하게 누른 형태의 파스타로 오일처럼 가벼운 소스에 잘 어울린다. 특히 해산물과 잘 어울려 '비니에올리'에서는 봉골레 파스타에 사용하고 있다.

3 부카티니
스파게티보다 굵기가 좀 더 굵고 가운데에 구멍이 뚫려있다. 때문에 삶는 시간은 스파게티와 비슷하다. 구멍 안으로 소스가 스며들어 씹을수록 면 안에 배어있는 소스 맛이 잘 느껴진다. 진한 소스나 매콤한 맛을 가진 소스와 잘 어울린다.

4 페투치네
납작하고 긴 파스타로 탈리아텔레와 비슷한 모양이지만 두께가 좀 더 두껍고 폭은 더 좁다. 대중적으로 인기가 있는 파스타라 쉽게 구할 수 있으며 특히 크림소스와 잘 어울린다.

5 라자냐
사각형 모양의 폭이 넓은 롱 파스타. 보통 라구소스와 치즈를 층지어 채워 넣은 뒤 오븐에 구워 조리한다.

6 뇨키
감자와 밀가루를 이용해 만든 이탈리아식 수제비로 동그랗게 말아서 한입 크기로 잘라 삶는다. 식감이 매우 쫄깃하며 부드러우며 향신료, 허브, 채소 등 기호에 따라 여러 재료를 넣고 반죽할 수 있다.

7 탈리아텔레
폭이 넓고 길며 납작한 띠 모양을 가진 롱 파스타로 페투치네보다 조금 더 납작하다. 라구소스나 카르보나라 같이 진한 맛을 가진 소스와 잘 어울린다.

8 파파르델레
넓고 납작한 라자냐를 길게 자른 듯한 모양의 롱 파스타. 면이 넓어서 조금만 삶아도 양이 꽤 된다. 롱 파스타 중에선 식감이 매우 쫄깃한 편이고, 미트소스같이 되직한 소스의 파스타와 궁합이 좋다.

9 파르팔레
나비 모양(리본 모양)의 파스타로 모양이 예쁘고 귀여워서 특히 아이들이 좋아한다. 샐러드나 냉파스타, 토마토 소스 등에 잘 어울린다.

10 오레키에테
'작은 귀' 라는 뜻처럼 귀모양의 생김새가 독특한 쇼트 파스타. 알 덴테로 삶아야 가장 맛있으며 쫄깃한 식감을 갖고 있다.

11 콘킬리에
조개 모양의 쇼트 파스타로 모양의 특성상 면속에 소스가 잘 흡수되기 때문에 진한 크림소스나 로제소스에 잘 어울린다. 푸실리와 같이 식감이 쫀득하고 면 속을 채워 넣고 조리할 수도 있다.

12 루마코니
달팽이를 닮았다 하여 지어진 이름으로 원통형 모양의 쇼트 파스타. 한쪽은 열려 있고 한쪽은 닫혀 있어서 속을 채워서 요리하기 좋으며 그라탱에도 잘 어울린다.

13 FUSILLI

14 PENNE

15 CASARECCIA

16 RIGATONI

17 PACCHERI

18 COUSCOUS

13 푸실리
꼬불꼬불한 나사 모양, 꽈배기 모양처럼 생긴 쇼트 파스타로 스파게티와는 달리 삶는 시간이 조금 더 오래 걸린다. 쫀득한 식감이 특징으로 샐러드에도 많이 사용된다.

14 펜네
펜촉처럼 생긴 원통형의 파스타로 토마토소스나 라구소스, 특히 아라비아따(매운 토마토소스)와 아주 잘 어울리며 쫄깃한 식감으로 샐러드에도 종종 사용된다.

15 카사레치아
가운데에 구멍이 뚫려 있고 양쪽 끝부분이 뒤틀려 있는 쇼트 파스타. 길이가 5cm 정도로 토마토, 크림, 페스토에 잘 어울리며 샐러드에도 두루 사용된다.

16 리가토니
튜브형 모양의 쇼트 파스타로 겉면에 굴곡을 갖고 있다. 쇼트 파스타 중 소스를 머금는 면적이 넓어 특히 크림소스와 잘 어울리며 쫄깃한 식감을 갖고 있다.

17 파케리
원통형 파스타인 리가토니와 비슷한 모양으로 구멍의 크기가 좀 더 큰 쇼트 파스타. 향이 강한 소스와 잘 어울리며 특히 트러플 향과 아주 잘 어울린다.

18 쿠스쿠스
듀럼밀을 간 후 좁쌀 같은 모양과 크기로 반죽한 것으로 입안에서 탱글탱글 씹히는 맛을 갖고 있다. 육류나 해산물에 곁들임으로 많이 쓰고 샐러드, 파스타 등에 두루두루 쓰인다. 끓는 물에 1~2분만 살짝 삶으면 되는 간편한 조리법으로 특별한 매력이 있는 식재료다.

FOOD MATERIALS

2. 기본 식재료

파스타에 들어가는 재료는 정말 다양합니다. 그만큼 요리에 맞게 제대로 사용하면 훨씬 맛있는 파스타를 만들 수 있지요. 파스타 만들기에 없어서는 안 될 필수 식재료부터 파스타의 맛을 한층 더 높여주는 식재료를 소개합니다.

1 엑스트라버진 올리브오일
파스타를 만들 때 자주 사용되는 오일로 열이 가해지지 않은 채로 첨가물 없이 올리브를 으깨서 나온 기름이다. 포화지방이 적고 고온에서 쉽게 산화되기 때문에 가열하지 않는 샐러드의 드레싱으로, 또는 조리과정의 마지막에 사용된다. 이탈리아 요리에 자주 사용되는 식재료로 시중에서도 쉽게 구할 수 있다.

2 그라나파다노
거의 대부분의 파스타나 샐러드 등 이탈리아 요리에 사용되는 치즈로 긴 숙성기간을 가져 풍미가 아주 좋다. 짭짤하고 특유의 감칠맛이 있어 소금 대신 간을 하기에도 안성맞춤이다.

3 부라타
동그란 모차렐라 치즈 안에 버터 같은 부드러운 크림이 가득 차 있는 치즈로 요즘 특히 SNS에서 인기가 상당하다. 우유의 고소한 맛이 진하게 느껴지며 샐러드나 과일과 궁합이 좋다.

4 고르곤졸라
푸른 곰팡이를 이용한 숙성 치즈로 일반 치즈보다 조금 더 짭짤하고 톡 쏘는 자극적인 맛을 갖고 있다. 이탈리아에서 대중적인 치즈이며 우리나라에서도 고르곤졸라 피자를 비롯, 파스타나 육류를 이용한 여러 음식에 고루 사용된다.

5 홍게속살(크랩크로우)
꽃게의 다리살로 붉은색과 진한 브라운 색을 가지고 있으며, 꽃게 특유의 향이 풍부한 부위다. '비니에올리'에서는 향과 맛이 좋은 필립스사의 크랩크로우를 사용한다.

6 포르치니
포르치니는 이탈리아 요리에서 많이 쓰이는 버섯으로 깊은 향과 감칠맛을 가지고 있다. 자연송이와 비슷하고 키우는 게 까다로워서 송로(트러플) 다음으로 귀한 버섯이다. 국내에서는 이탈리아에서 수입한 건포르치니를 주로 사용한다.

8 토마토홀(캔)
토마토 껍질을 제거하고 과육만 모아서 토마토 주스에 보관한 것으로 토마토소스 파스타를 만들 때 사용한다. 주로 풍미와 감칠맛이 뛰어나고 과육이 많은 플럼 토마토를 사용해서 만든다.

9 버터
해산물의 풍미를 돋우거나 소스의 감칠맛을 더하는 데 없어서는 안 되는 재료다. 파스타 조리 시 무염버터, 혹은 가염버터 둘 다 사용해도 무관하나 소금이 첨가되어 맛을 내기 쉽고 편리한 가염버터를 추천한다.

10 화이트와인
파스타나 소스를 조리할 때 해산물의 잡내를 날리거나 풍미를 더하기 위해 사용한다. 맛이 너무 달거나 스파클링 와인만 아니라면 어떤 종류의 화이트와인을 써도 괜찮다.

11 생크림
우유에서 지방성분을 추출한 동물성 크림으로 소스, 수프, 육류 요리, 생선 요리, 파스타 등 풍미를 더해주는 데 넓게 쓰이는 재료다.

12 페페론치노
이탈리아 요리에 자주 사용되는 매운 고추로 작지만 청양고추보다 맵다. 주로 건조된 것을 사용하며 천천히 묵직하게 매운맛을 내는 것이 특징이다.

13 올리브
파스타, 샐러드, 피자의 조리 시 자주 사용되는 부재료로 몸에 좋은 불포화 지방산을 함유하고 있어 슈퍼푸드, 건강식품으로 알려져 있다.

14 발사믹
포도즙을 졸인 다음 발효시켜서 만든 식초로 향이 좋고 새콤하며 깊은 맛을 지니고 있어서 샐러드 드레싱에 적합하다.

15 허브

파스타의 완성도를 높여주는 가니쉬로, 그리고 해산물의 비린내 등 식재료 특유의 냄새를 제거하는 용도로 자주 쓰이는 식재료다. 다양한 종류로 각각 고유의 향과 맛이 있어 요리에 각각 어울리는 허브를 잘 사용하면 맛을 한층 업그레이드 할 수 있다.

A 바질: 이탈리아 요리에 보편적으로 사용되는 허브로 매우 향긋한 향을 가지고 있다. 토마토, 치즈, 올리브와 궁합이 잘 맞아 토마토 소스의 파스타에 사용하면 좋다. 또한 견과류와 함께 갈아 만든 페스토로도 인기가 있으며 샐러드 드레싱에 다져 넣어도 맛있다.

B 이탈리안 파슬리: 다른 허브에 비해 순한 맛과 향을 갖고 있어 육류나 해산물 등 어떤 요리와도 잘 어울린다. 주로 완성된 요리에 가니쉬(장식)로 자주 사용되는 허브다.

C 로즈메리: 약간 달콤하면서도 강한 향을 갖고 있어 특히 육류의 잡냄새나 풍미를 주는 데 자주 사용되는 허브다.

D 타임: 로즈메리와 비슷한 향을 갖고 있지만 시원한 나무의 향이 좀 더 강한 것이 특징. 좀 더 자극적이고 강한 육류요리에 사용하면 특유의 나무향이 더해져 풍미를 높인다.

E 딜: 유럽에서 특히 자주 사용되는 딜은 강한 향을 갖고 있어 생선이나 조개 등 해산물이 들어간 요리에 넣으면 비린내를 제거해주는 데 도움이 된다. 또한 특유의 향긋함으로 해산물 고유의 맛을 한층 더 높여준다.

F 루꼴라: 루꼴라는 피자의 토핑 또는 파스타의 부재료로 자주 쓰이는 허브로 고소하고 쌉싸름한 맛과 톡 쏘는 매운 향을 갖고 있다. 잎이 크고 줄기가 굵을수록 특유의 매운맛이 더 강하며, 순한 맛을 원한다면 어린(베이비) 루꼴라를 사용하는 것이 좋다.

COOKING TOOLS

3. 기본 조리도구

면을 삶고 소스를 끓이고 재료를 손질하는 데 필요한 조리도구를 잘 사용하면 요리가 더 편해지고 즐거워지기 마련이지요. 파스타를 만들 때 갖춰두면 도움이 되는 기본 도구를 소개합니다.

1 자루냄비
일반적으로 화력이 센 레스토랑에서는 손잡이가 길고 속이 넓은 자루냄비를 사용하여 조리를 한다. 가정에서 소량으로 파스타를 삶는다면 속이 깊은 스테인리스 냄비를 사용해도 된다.

2 스테인리스 집게
레스토랑의 주방에서 가장 많이 사용 하는 도구로 젓가락보다 힘을 들이지 않고 좀 더 많은 식재료를 집을 수 있어 아주 편리하다.

3 푸드 매셔
뜨거울 때 으깨야 하는 삶은 감자를 으깰 때 주로 사용한다. 재료를 안에 넣고 손잡이를 잡고 누르면 쉽고 편하게 으깰 수 있다. 뇨키를 자주 한다면 꼭 필요한 도구이다. 삶은 달걀 등을 덩어리 없이 일정하게 으깨는 데도 유용하다.

4 나무젓가락
주로 파스타 조리용으로 사용하며 여러 가닥의 면을 집을 때, 면과 소스를 섞을 때 유용하게 쓰인다. 이외에도 완성된 파스타를 그릇에 옮길 때 돌돌 말아 예쁘게 담을 때도 사용하면 좋다. 코팅팬 바닥이 상할 수 있으므로 나무재질의 긴 튀김용 젓가락을 사용하는 것을 추천한다.

5 나무스푼
소스나 식재료를 소분, 또는 뜨거운 식재료를 식힐 때 사용하는 도구로 길이가 긴 것을 선택하면 깊은 용기에도 사용할 수 있어 편리하다.

6 스테인리스 볼
파스타를 조리할 때 사용하는 빈도가 높은 도구로 샐러드 채소를 버무릴 때나 계량을 할 때, 특히 파스타를 삶고 난 면수를 담을 때도 유용하게 쓰인다.

7 파이팬
요리에 필요한 재료를 밑작업한 뒤 담아두기 좋다. 불에 팬을 올려 놓았을 때 들어가는 모든 재료를 하나의 팬에 준비해두면 탈 염려도 없고 준비해 놓은 재료를 한눈에 볼 수 있어 좋다. 파스타를 조리할 때 재료를 한데 모아놓는 습관을 들여 놓으면 더 편하게 요리할 수 있다.

8 거름채
식재료 및 파스타 면을 삶거나 데쳐서 건질 때 사용하는 도구로 스테인리스 재질을 사용해야 높은 온도에서도 사용이 가능하며 위생에도 좋다.

9 코팅팬
주로 점도가 있는 재료나 육류(단백질)를 가열할 때 사용하며 보편적으로 가정에서 많이 쓰는 코팅 프라이팬을 생각하면 된다. 이왕이면 열전도율이 높고 열 보존이 잘되는 두꺼운 팬을 쓰는게 좋다. 가정에선 가스 화력이 약하기 때문에 두꺼운 팬으로 조리를 해야 균형 있게 익힐 수 있다.

10 무코팅팬
말 그대로 코팅이 되어 있지 않은 팬으로 주로 오일 파스타를 조리할 때 사용한다. 예열을 하지 않고 센 불에서 바로 조리하면 재료를 태워서 쓴맛이 날 수도 있어서 약간의 조리기술이 필요한 팬이다. 하지만 코팅된 팬과 맛의 차이는 있다.

11 핀셋
집게와 비슷한 용도로 사용하지만. 집게로 집히지 않는 좀 더 작은 재료나 파스타 면을 집을 때 편리하다.

12 치즈 그레이터
치즈를 갈 때 쓰는 도구로 여러 모양으로 갈 수 있는 그레이터가 있으면 더욱 좋다. 완성된 요리의 데코나 샐러드에 올릴 때는 넓게 갈리는 그레이터를, 파스타에 간을 하거나 소스를 끓일 때는 곱게 갈리는 그레이터를, 다용도로 사용하고 싶을 땐 곱고 길게 갈리는 그레이터를 사용한다.

> 파스타는 얼마나, 어떻게 삶아야 할까요?
> 파스타를 만드는 과정에서 단순하게만 보이는 면 삶기는
> 아주 중요한 작업입니다. 하지만 숙련된 셰프가 아닌 이상
> 파스타를 제대로 삶는 것은 생각보다 쉽지 않은 일이지요.
> 왜냐하면 대부분의 사람들은 파스타에서
> 면 삶기가 얼마나 중요한지 잘 모르기 때문입니다.
> 맛있게 잘 삶아진 파스타면은 면뿐만 아니라
> 파스타 전체의 가치를 올려준답니다.
>
> 오랜 시간, 파스타를 조리하면서 터득하게 된
> 저만의 면 삶기 특급 팁을 공개합니다.
> 제가 알려드리는 3가지의 기본 수칙을 잘 지키셔서
> 여러분의 가정에서도 파스타 맛집 부럽지 않은
> 맛있는 파스타를 맛보실 수 있기를 바랍니다.

4. 셰프가 알려주는 파스타 기본 조리법

첫 번째. 커다란 냄비에 삶기
파스타를 삶을 때에는 물의 양이 면의 10배는 필요하므로 깊고 넓은 냄비를 권합니다. 삶는 물이 넉넉해야 면이 서로 달라붙지 않으며 더 탱탱한 식감의 면으로 삶을 수 있습니다. 또한 물이 끓어 넘치는 것을 방지할 수 있어 더 편하게 삶을 수 있습니다.

두 번째. 파스타, 물, 소금의 황금비율 공식
면을 삶을 때는 일반적으로 치킨스톡이나 소금을 넣는 데, 저는 치킨스톡 대신 소금을 사용하고 있습니다. 파스타를 만들 때 면만 잘 삶아도 마늘, 오일, 허브 등 몇 가지 재료만으로도 아주 맛있는 파스타를 만들 수 있죠. 대표적인 메뉴로 '알리오 올리오'가 있습니다. 여기에 화이트와인과 바지락만 넣으면 그 유명한 봉골레 오일 파스타가 되고요. 이렇게 심플한 오일 파스타는 면 삶기가 더 중요한데요. 삶는 물에 들어가는 소금의 양이 그 맛을 결정하는 포인트가 되지요. 저는 물, 파스타, 소금의 비율을 100:10:3 으로 한답니다. 이 비율을 지키신다면 맛있는 면 삶기의 반은 성공이랍니다.

세 번째. 삶는 시간과 삶아낸 후 식히기
보통 파스타의 포장에 표기되어 있는 시간을 기준으로 1~2분 전후에 삶은 면을 건지죠. 면은 삶는 시간도 중요하지만 저는 삶아낸 후에 대처가 가장 중요하다고 생각해요. 제가 삶는 방법은 포장에 표기되어 있는 시간을 기준으로 1분 전에 재빠르게 꺼내어 체에 밭쳐 물기를 최대한 빠른 시간 안에 털어내고, 넓은 팬에 펼친 후 적당량의 올리브오일을 두릅니다. 그리고 선풍기 바람이나 부채를 이용해서 식혀줍니다. 식혀주는 시간이 더디면 아무리 잘 삶아낸 면도 오버쿡(over cook, 과하게 삶아진 상태)가 되기 마련이니까요. 본인이 생각한 것보다 더 익을 것 같다 싶으면 더 빨리 젓가락을 이용해서 식혀주고, 너무 알 덴테(덜 익은 식감)가 될 거 같다 싶으면 바람을 멈추고 삶은 면을 잠시 수북하게 쌓아 두면 됩니다.

BASIC PASTA

CHAPTER 01

모두의 페이보릿
BASIC PASTA

Gamberi Rose Linguine 감베리 로제 링귀네

Pork Shoulder Butt Leek Oil Fusilli 돼지목살 대파 오일 푸실리

Granchio Cream Spaghetti 그란끼오 크림 스파게티

Vongole Oil Linguine 봉골레 오일 링귀네

Fungi White Ragu Conchiglie 풍기 화이트라구 콘킬리에

Ricotta Cheese Arrabbiata Penne 리코타치즈 아라비아따 펜네

Aglio E Olio Linguine 알리오 올리오 링귀네

Shrimp Garlic Cream Tagliatelle 슈림프 갈릭 크림 탈리아텔레

Manzo Fungi Fettuccine 만조 풍기 페투치네

Cozze Picante Spaghetti 꼬제 피칸테 스파게티

감베리 로제 링귀네
GAMBERI ROSE LINGUINE

이렇게 준비해요

필수재료
링귀네(90g), 중하새우(5마리),
다진 양파(1), 건고추(1~2개),
파르메산 치즈가루(1), 이탈리안 파슬리(2줄기)

소스
토마토홀(1컵), 생크림(1컵)

양념
다진 마늘(1/4), 소금(약간), 후춧가루(약간)

선택재료
아스파라거스(2줄기), 적파프리카(1/4개),
고추기름(1)

만드는 법

1 끓는 소금물에 링귀네를 넣고 7~8분간 삶아 건지고,

2 새우는 껍질을 벗기고 등을 갈라 내장을 제거하고, 아스파라거스는 3cm 길이로 어슷 썰고, 적파프리카는 밑동을 자른 뒤 씨를 제거해 세로로 길게 자르고,

3 중간 불로 달군 팬에 올리브오일(1)을 두른 뒤 다진 마늘, 다진 양파, 건고추, 고추기름을 넣어 1분간 볶고,

4 손질한 새우, 적파프리카, 아스파라거스를 모두 넣고 새우가 붉은 빛깔이 될 때까지 볶고,

5 토마토홀(1컵)과 생크림(1컵)을 붓고 끓어오르기 시작하면 삶은 링귀네를 넣어 소금, 후춧가루로 간하고,

6 농도가 걸쭉해지면 파르메산 치즈가루를 넣고 고루 섞은 뒤 접시에 담고 이탈리안 파슬리를 올려 마무리.

요리 TIP
양파와 마늘은 너무 잘게 다지면 수분이 생겨 잘 볶아지지 않고 팬에서 타버리므로 주의하세요. 새우와 채소를 충분히 볶아 끓이면 풍미가 두 배가 돼요. 조개육수를 내어 사용해도 감칠맛이 좋아진답니다.

돼지목살 대파 오일 푸실리
PORK SHOULDER BUTT LEEK OIL FUSILLI

CHAPTER 01

이렇게 준비해요

필수재료
푸실리(60g), 마늘(5~6쪽),
돼지 목살(80~100g), 꽈리고추(5개),
다진 대파(1), 건고추(2~3개),
파르메산 치즈가루(1)

소스
올리브오일(3)

양념
소금(약간), 후춧가루(약간), 버터(20g)

선택재료
미니양배추(2~3개), 블랙올리브(2개),
어린 루꼴라(2~3줄기)

만드는 법

1 끓는 소금물에 푸실리를 넣고 8~9분간 삶아 건지고, 면수는 따로 담아놓고,

2 마늘은 눌러 으깨고, 목살은 한입 크기로 얇게 저미고, 미니양배추는 끓는 소금물에 2분간 데쳐 2등분하고,

3 중간 불로 달군 팬에 올리브오일(1)을 두른 뒤 으깬 마늘, 목살, 꽈리고추, 다진 대파, 건고추, 미니양배추, 블랙올리브를 모두 넣어 노릇하게 볶고,

4 면수(1컵)와 올리브오일(2)을 넣고 2~3분간 약한 불로 끓이고,

5 삶은 푸실리와 파르메산 치즈가루를 넣고 면과 소스가 잘 어우러지도록 나무젓가락을 사용해 시계방향으로 일정하고 빠른 속도로 원을 그리며 섞고,

6 버터를 넣고 고루 버무린 뒤 접시에 담아 어린 루꼴라를 올려 마무리.

요리 TIP
오일 파스타는 오일과 수분이 서로 잘 엉길 수 있도록 팬에서 젓가락으로 쉼 없이 저어주는 것이 더 맛있게 만드는 비결입니다.

그란끼오 크림 스파게티
GRANCHIO CREAM SPAGHETTI

이렇게 준비해요

필수재료
스파게티(90g), 다진 양파(1), 게살(2),
날치알(1)

소스
생크림(1 ½컵)

양념
올리브오일(1), 다진 마늘(1/4), 소금(약간),
후춧가루(약간), 파르메산 치즈가루(1)

선택재료
토마토(1/2개), 블랙올리브(2개),
통핑크페퍼(5~6알), 루꼴라(약간)

만드는 법

1 끓는 소금물에 스파게티를 넣고 5~6분간 삶아 건지고,

2 토마토는 살짝 데쳐 껍질을 제거하고, 속씨를 제거한 뒤 사방 1cm 크기로 깍둑 썰고,

3 중간 불로 달군 팬에 올리브오일(1)을 두르고 다진 마늘, 다진 양파를 넣어 볶고,

4 생크림(1 ½컵)을 붓고 끓어 오르기 시작하면 미리 삶아놓은 스파게티를 넣고,

5 게살, 토마토, 블랙올리브를 넣어 중간 불로 끓이고,

6 소스의 농도가 걸쭉해지면 불에서 내린 뒤 핑크페퍼, 파르메산 치즈가루를 뿌리고 접시에 담아 날치알, 루꼴라를 올려 마무리.

요리 TIP
파르메산 치즈가루는 너무 많이 넣으면 맛이 텁텁해지므로 1숟가락 정도만 넣어주세요. 소스의 농도는 일반적으로 먹는 수프 농도 정도로 맞춰주면 느끼함 없이 가벼운 크림 파스타를 즐길 수 있어요.

VONGOLE OIL LINGUINE

봉골레 오일 링귀네

이렇게 준비해요

필수재료
링귀네(90g), 아스파라거스(2줄기), 마늘(7~8쪽), 바지락(8개), 흑모시조개(8개), 화이트와인(1/2컵), 건고추(2~3개)

소스
올리브오일(3)

양념
후춧가루(약간)

선택재료
블랙올리브(2개), 생바질(4~5장)

만드는 법

1 끓는 소금물에 링귀네를 넣고 7~8분간 삶아 건지고,

2 아스파라거스는 껍질을 벗겨 3cm 크기로 어슷 썰고, 마늘은 눌러서 으깨고, 바지락, 흑모시조개는 흐르는 물에 깨끗이 씻고,

3 중간 불로 달군 팬에 올리브오일(1)을 두르고 으깬 마늘, 건고추를 넣어 노릇하게 굽고,

4 바지락과 모시조개, 블랙올리브, 아스파라거스를 넣고 살짝 볶다가 화이트와인(1/2컵)을 부어 알코올이 날아갈 때까지 1분간 끓이고,

5 조개가 잠길 정도까지 물을 넉넉히 부은 뒤 조개가 입을 벌리면 올리브오일(2)을 넣고,

6 소스가 끓어오르기 시작하면 링귀네를 넣고 소스가 걸쭉하게 될 때까지 젓가락을 사용해 시계방향으로 계속 젓고,

7 불에서 내린 뒤 접시에 담고 생바질을 올린 뒤 후춧가루를 뿌려 마무리.

요리 TIP
물을 붓고 조개입이 벌어진 이후에 간이 짠 경우 국물을 조금 덜어낸 뒤 다시 약간의 물을 더 붓고, 싱거울 경우 소금을 더해 간을 맞춰요. 봉골레 파스타는 면수를 넣으면 간이 세질 수 있어 일반 물을 사용한답니다.

풍기 화이트라구 콘킬리에
FUNGI WHITE RAGU CONCHIGLIE

이렇게 준비해요

필수재료
콘킬리에(60~70g), 다진 쇠고기(100g),
표고버섯(2개), 새송이버섯(1/2개),
양송이버섯(2개), 가지(1/2개), 다진 양파(1),
파르메산 치즈가루(1)

소스
화이트와인(1/2컵), 올리브오일(2컵)

양념
다진 마늘(1/4), 소금(약간), 후춧가루(약간),
페코리노치즈(2), 버터(1)

선택재료
다진 이탈리안 파슬리(약간)

만드는 법

1 끓는 소금물에 콘킬리에를 넣고 5~6분간 삶아 건지고, 면수는 따로 담아두고,

2 다진 쇠고기는 소금, 후춧가루를 넣어 밑간하고, 표고버섯과 새송이버섯은 얇게 슬라이스하고, 양송이버섯은 4등분하고, 가지는 1cm 크기로 자르고,

3 중간 불로 달군 팬에 올리브오일(1컵)을 두른 뒤 다진 마늘, 다진 양파, 표고버섯, 새송이버섯, 양송이버섯, 가지를 넣어 노릇하게 볶고,

4 센 불로 불 조절을 한 뒤 다진 고기를 넣어 수분이 없어질 때까지 달달 볶고,

5 화이트와인(1/2컵)을 부어 잡냄새를 제거한 뒤 면수(1컵), 올리브오일(1컵)을 붓고, 삶은 콘킬리에를 넣어 고루 버무리고,

6 마지막에 페코리노치즈, 버터를 넣고 끈쩍한 농도가 되면 접시에 담아 다진 이탈리안 파슬리와 파르메산 치즈가루를 뿌려 마무리.

요리 TIP
마지막에 버터 한 스푼을 넣고 버무려주면 윤기가 나면서 보기에도 맛있어 보이고 파스타의 맛이 더 진해져요. 센 불에서 다진 쇠고기를 볶은 뒤 화이트와인을 넣으면 잡냄새를 잡아줘 더 담백하고 깔끔한 맛을 낼 수 있답니다.

리코타치즈 아라비아따 펜네

RICOTTA CHEESE ARRABBIATA PENNE

이렇게 준비해요

필수재료
펜네(70~80g), 가지(40g), 청양고추(1/2개), 마늘(3쪽), 다진 양파(1), 건고추(3개), 리코타치즈(60g)

소스
토마토홀(1컵)

양념
고추기름(1), 페페론치노(약간), 소금(약간), 후춧가루(약간)

선택재료
파르메산 치즈가루(1), 생바질(10장)

만드는 법

1 끓는 소금물에 펜네를 넣고 6~7분간 삶아 건지고, 면수는 따로 담아놓고,

2 가지는 1cm 크기로 자르고, 청양고추는 잘게 다지고, 마늘은 얇게 납작 썰고,

3 중간 불로 달군 팬에 고추기름(1)을 두르고 편마늘, 다진 양파, 가지를 넣어 노릇하게 볶고,

4 청양고추, 페페론치노를 모두 넣어 1분간 볶고, 소금과 후춧가루로 간하고,

5 면수(1/2컵)를 붓고 끓이다가 토마토홀(1컵), 파르메산 치즈가루(0.5), 삶은 펜네를 모두 넣고 섞어 졸이고,

6 소스의 농도가 걸쭉해지면 접시에 담아 리코타치즈를 올린 뒤 파르메산 치즈가루(0.5)를 뿌리고 바질을 올려 마무리.

요리 TIP
소스가 약간 부족하다 싶을 정도로 자박하게 졸여서 매콤한 맛을 살려주세요. 펜네는 시간을 잘 지켜 삶아야 쫄깃한 떡볶이의 식감처럼 더 맛있어져요.

알리오 올리오 링귀네
AGLIO E OLIO LINGUINE

이렇게 준비해요

필수재료
링귀네(90g), 마늘(15쪽), 건고추(2~3개), 생바질(10장)

소스
올리브오일(3)

양념
페페론치노(2개), 소금(약간), 후춧가루(약간), 파르메산 치즈가루(2)

선택재료
초리조(2~3장), 그린올리브(4개), 블랙올리브(4개)

만드는 법

1 끓는 소금물에 링귀네를 넣고 7~8분간 삶아 건지고, 면수는 따로 담아놓고,

2 마늘은 칼등으로 눌러 살짝 으깨고, 초리조는 슬라이스해서 채 썰고,

3 중간 불로 달군 팬에 올리브오일(1)을 두르고 으깬 마늘을 넣어 약한 불에서 겉이 타지 않고 속이 절반 이상 익도록 굽고, 건고추를 넣어 볶고,

4 면수를 넣은 뒤 끓어오르면 삶은 링귀네와 그린올리브, 블랙올리브, 초리조와 페페론치노를 손으로 살짝 부숴 넣고, 다시 올리브오일(2)을 넣어 물과 오일이 고루 섞이게끔 젓가락으로 계속 원을 그리며 빠르게 젓고,

5 소금, 후춧가루, 파르메산 치즈가루를 넣어 간을 맞춘 뒤 접시에 담고, 생바질을 올려서 마무리.

요리 TIP
파스타를 접시에 담았을 때 소스가 흥건하지 않고 농도가 걸쭉하게 나와야 더 맛있으니 면수의 분량을 꼭 지켜주고 너무 묽다 싶으면 살짝 더 졸여주세요. 페페론치노는 그냥 넣는 것보다 살짝 부숴서 넣으면 특유의 매운맛이 더 잘 어우러진답니다.

슈림프 갈릭 크림 탈리아텔레

SHRIMP GARLIC CREAM TAGLIATELLE

이렇게 준비해요

필수재료
탈리아텔레(90g), 토마토(2), 중하새우(5마리), 다진 양파(1), 파르메산 치즈가루(2)

소스
마늘(3~4쪽), 감자(1/4개), 생크림(1 ½컵), 올리브오일(1)

양념
다진 마늘(1/4), 화이트와인(1/4컵), 소금(약간), 후춧가루(약간)

선택재료
브로콜리(3~4조각), 블랙올리브(2개), 루꼴라(약간)

만드는 법

1 끓는 소금물에 탈리아텔레를 넣고 4~5분간 삶아 건지고,

2 토마토는 끓는 물에 데쳐 껍질을 벗기고 반 잘라 씨를 제거해 사방 1cm 크기로 깍둑 썰고, 새우는 등을 갈라 내장을 제거하고,

3 브로콜리는 뜨거운 물에 데치고, 마늘은 살짝 볶고, 감자는 껍질을 벗겨 4등분하고,

4 팬에 마늘, 감자, 생크림(1 ½컵), 소금을 넣고 10분간 끓인 뒤 믹서에 넣어 곱게 갈아 갈릭크림소스를 만들고,

5 달군 팬에 올리브오일(1)을 두른 뒤 다진 마늘, 다진 양파, 새우를 넣어 노릇하게 볶다가 화이트와인(1/4컵)을 부어 잡내를 제거하고,

6 갈릭크림소스, 탈리아텔레, 토마토 콩카세, 데친 브로콜리, 블랙올리브를 넣고 끓여 농도를 맞추고,

7 소스가 걸쭉해지면 접시에 담아 파르메산 치즈가루를 뿌리고 루꼴라를 올려 마무리.

요리 TIP
토마토는 끓는 물에 살짝 데쳐 껍질을 벗기고 씨를 제거해 0.5~1cm 크기의 네모 모양으로 자르는 토마토 콩카세(tomato concasser) 과정을 거치면 식감과 맛이 훨씬 좋아져요.

BASIC PASTA

만조 풍기 페투치네

MANZO FUNGI FETTUCCINE

이렇게 준비해요

필수재료
페투치네(80g), 표고버섯(2개),
양송이버섯(2개), 새송이버섯(1/2개),
쇠고기(100g), 고르곤졸라치즈(1/2)

소스
올리브오일(1), 생크림(1 ½컵)

양념
소금(약간), 후춧가루(약간),
파르메산 치즈가루(1)

선택재료
가지(1/2개), 토마토(1/4개),
아스파라거스(1줄기), 올리브(2개)

만드는 법

1 끓는 소금물에 페투치네를 넣고 6~7분간 삶아 건지고, 면수는 따로 담아놓고,

2 표고버섯은 2등분하고, 양송이버섯은 4등분하고, 새송이버섯과 가지, 토마토는 한입 크기로 깍둑 썰고,

3 아스파라거스는 껍질을 벗겨 3cm 길이로 썰고, 쇠고기는 직사각형 모양으로 큼직하게 자르고,

4 중간 불로 달군 팬에 올리브오일(1)을 두른 뒤 쇠고기, 표고버섯, 양송이버섯, 새송이버섯, 가지, 아스파라거스, 토마토를 넣어 노릇하게 볶고,

5 면수(1/2컵)를 넣고 중간 불로 줄여 육수의 맛이 충분히 나도록 2분간 끓이고,

6 육수가 어느 정도 졸아들면 생크림(1 ½컵), 고르곤졸라치즈를 넣어 고루 섞은 뒤 삶은 페투치네, 올리브를 넣고 소금으로 간하고,

7 소스의 농도가 걸쭉해지면 접시에 담아 파르메산 치즈가루를 뿌려 마무리.

요리 TIP
고르곤졸라치즈 자체에 염도가 있으니 면을 넣고 간을 한 번 본 뒤 기호에 따라 소금을 추가해 주어야 짜지 않게 조리할 수 있어요.

꼬제 피칸테 스파게티

COZZE PICANTE SPAGHETTI

이렇게 준비해요

필수재료
스파게티(90g), 홍합(10~12개), 바지락(5개), 다진 양파(1), 다진 대파(2), 다진 청양고추(1/2)

소스
화이트와인(1/4컵), 토마토홀(1컵)

양념
고추기름(1/2), 다진 마늘(1/4), 소금(약간), 후춧가루(약간), 페페론치노(2개)

선택재료
브로콜리(3~4조각), 애호박(1/5개), 고추기름(1), 이탈리안 파슬리(약간)

만드는 법

1. 끓는 소금물에 스파게티를 넣고 5~6분간 삶아 건지고, 면수는 따로 담아 놓고,

2. 홍합과 바지락은 흐르는 물에 깨끗이 씻어 준비하고, 브로콜리는 끓는 물에 살짝 데치고, 애호박은 반으로 잘라 얇게 슬라이스 하고,

3. 중간 불로 달군 팬에 고추기름(1)을 두른 뒤 다진 마늘, 다진 양파, 다진 대파, 다진 청양고추, 애호박을 넣어 볶고, 소금, 후춧가루로 간을 하고,

4. 홍합, 바지락을 넣고 화이트와인(1/4컵)을 부어 살짝 끓여 알코올을 날려서 비린맛을 없애고,

5. 면수(1컵)를 넣고 뚜껑을 닫아 홍합과 바지락이 입을 벌릴 때까지 충분히 끓이고,

6. 토마토홀(1컵)과 삶은 스파게티, 브로콜리, 페페론치노를 넣고 소스가 걸쭉해질 때까지 2분간 끓인 뒤 접시에 담아 이탈리안 파슬리를 올려 마무리.

요리 TIP
해산물이 들어가는 파스타에는 와인을 꼭 넣어주어야 해산물 특유의 비린내를 잡을 수 있고, 파스타의 풍미가 더욱 높아진답니다.

HOME PASTA

CHAPTER 02

쉽게 구하는 재료로 심플하게
HOME PASTA

Carbonara Linguine 카르보나라 링귀네

Pork Belly Leek Fettuccine 삼겹살 대파 페투치네

Fungi Truffle Casareccia 풍기 트러플 카사레치아

White Pollock Roe Cream Spaghetti 백명란 크림 스파게티

Kimchi Poached Eggs Spaghetti 김치 수란 스파게티

Bacon Potato Pappardelle 베이컨 포테이토 파파르델레

Salmon Gamberi Rose Picante Fettuccine 살몬 감베리 로제 피칸테 페투치네

카르보나라 링귀네
CARBONARA LINGUINE

이렇게 준비해요

필수재료
링귀네(90g), 베이컨(50~60g), 다진 양파(1),
달걀노른자(1개), 파르메산 치즈가루(2)

소스
올리브오일(1), 생크림(1 ½컵)

양념
다진 마늘(1/4), 소금(약간), 후춧가루(약간)

선택재료
양송이버섯(1개), 블랙올리브(2개),
이탈리안 파슬리(약간)

만드는 법

1 끓는 소금물에 링귀네을 넣고 7~8분간 삶아 건지고, 면수는 따로 담아놓고,

2 베이컨은 2cm 두께로 잘라 마른 팬에서 노릇하게 볶아 어느 정도 기름을 빼주고, 양송이버섯은 4등분하고,

3 중간 불로 달군 팬에 올리브오일(1)을 두른 뒤 다진 마늘, 다진 양파를 넣고 볶다가 양송이버섯, 베이컨을 넣고 좀 더 볶은 뒤 소금, 후춧가루를 뿌려 간하고,

4 면수(1/2컵)를 붓고 끓어오르면 생크림을 넣고 고루 섞은 뒤 미리 삶은 링귀네, 블랙올리브를 넣고 살짝 졸이고,

5 불을 끄고 노른자와 파르메산 치즈가루를 넣은 뒤 크림소스가 걸쭉해지도록 고루 섞고,

6 후춧가루를 뿌리고 접시에 담아 이탈리안 파슬리를 얹어 마무리.

요리 TIP
노른자에 우유 2숟가락 정도를 넣고 미리 섞어 놓으면 노른자 스크램블(덩어리)이 생기지 않아요. 노른자를 넣을 때는 반드시 불을 끄고 넣어 익지 않게 하는 것이 소스의 맛을 높이는 포인트입니다. 보다 진한 맛의 소스를 원한다면 노른자 1개를 더 넣어주어도 좋아요.

삼겹살 대파 페투치네
PORK BELLY LEEK FETTUCCINE

이렇게 준비해요

필수재료
페투치네(80g), 삼겹살(80~100g),
다진 양파(1), 꽈리고추(4개)

소스
올리브오일(1), 화이트와인(1/4컵),
토마토홀(1컵)

양념
다진 마늘(1/4), 소금(약간), 후춧가루(약간),
고추기름(1), 다진 청양고추(1/4),
페페론치노(2개)

선택재료
애호박(1/5개), 고수잎(약간)

만드는 법

1 끓는 소금물에 페투치네를 넣고 6~7분간 삶아 건지고, 면수는 따로 담아놓고,

2 삼겹살은 얇게 슬라이스하고, 애호박은 반달모양으로 얇게 썰고,

3 중간 불로 달군 팬에 올리브오일(1)을 두른 뒤 다진 마늘, 다진 양파, 고추기름, 다진 청양고추, 페페론치노를 넣어 살짝 볶고, 삼겹살, 애호박, 꽈리고추, 블랙올리브를 넣어 센 불로 볶고,

4 화이트와인(1/4컵)을 부어 잡냄새를 없애고, 면수(1컵)를 부어 양이 절반이 될 때까지 졸이고,

5 토마토홀(1컵)을 넣고 끓어오르면 삶은 페투치네를 넣은 뒤 소스가 면에 흡수될 수 있게 젓가락으로 계속해서 저어주고,

6 소스의 걸쭉한 농도가 나오면 접시에 담고 고수잎을 올려 마무리.

요리 TIP
대파를 볶을 때에는 수분이 충분히 날아가도록 센 불에서 볶아야 풍미가 깊어져요. 마지막에 고수를 듬뿍 올리면 이국적인 맛이 더해지는데 취향에 따라 선택하시면 됩니다.

풍기 트러플 카사레치아
FUNGI TRUFFLE CASARECCIA

이렇게 준비해요

필수재료
카사레치아(60g), 표고버섯(3개),
양송이버섯(3개), 새송이버섯(1/2개),
다진 양파(1), 트러플페스토(2)

소스
올리브오일(1)

양념
다진 마늘(1/4), 소금(약간), 후춧가루(약간),
트러플오일(1/4)

선택재료
블랙올리브(2개)

만드는 법

1 끓는 소금물에 카사레치아를 5~6분 삶아 건지고, 면수는 따로 담아놓고,

2 표고버섯은 반으로 자르고, 양송이버섯은 4등분하고, 새송이버섯은 반으로 갈라 깍둑 썰고,

3 중간 불로 달군 팬에 올리브오일(1)을 두른 뒤 다진 마늘과 다진 양파, 표고버섯, 양송이버섯, 새송이버섯을 넣고 겉면이 노릇해질 때까지 볶고,

4 면수(1컵)를 부어 중간 불에서 1~2분간 끓여 버섯의 향을 우려내고,

5 카사레치아를 넣고 소스와 충분히 엉기도록 젓가락으로 잘 휘저어가며 끓이다가 오일 소스가 면에 잘 엉기면 블랙올리브, 트러플페스토를 넣고 버무리고,

6 접시에 담아 트러플오일(1/4)을 뿌려 마무리.

요리 TIP
트러플의 향은 열을 가하면 쉽게 사라지므로 트러플페스토는 불에서 내린 뒤 요리의 맨 마지막 단계에서 넣어 버무려야 합니다. 트러플오일은 먹기 직전 뿌려 풍미를 더해주세요.

백명란 크림 스파게티
WHITE POLLOCK ROE CREAM SPAGHETTI

이렇게 준비해요

필수재료
스파게티(90g), 다진 양파(1), 블랙올리브(2개), 백명란오일소스(2)
(*백명란오일소스 레시피는 180p 참고)

소스
올리브오일(1), 생크림(1컵)

양념
다진 마늘(1/4), 후춧가루(약간)

선택재료
파르메산 치즈가루(1), 이탈리안 파슬리(약간)

만드는 법

1 끓는 소금물에 스파게티를 넣어 5~6분간 삶아 건지고,

2 중간 불로 달군 팬에 올리브오일(1)을 두른 뒤 다진 양파, 다진 마늘을 넣어 살짝 볶고,

3 생크림(1컵)을 넣고 끓어오르면 삶은 스파게티, 블랙올리브, 백명란오일소스를 넣고 다시 살짝 끓이고,

4 접시에 담아 파르메산 치즈가루를 뿌리고 이탈리안 파슬리를 올려 마무리.

요리 TIP
백명란오일소스를 미리 만들어 놓으면 쉽고 빠르게 파스타를 만들 수 있어요. 소금으로 간을 따로 하지 않고 백명란오일소스의 양을 조절하여 입맛에 맞게 간을 맞추면 됩니다.

김치 수란 스파게티

KIMCHI POACHED EGGS SPAGHETTI

이렇게 준비해요

필수재료
스파게티(90g), 김치(1/2컵), 양파(1/2개), 달걀(1개), 파르메산 치즈가루(1)

소스
올리브오일(1), 토마토홀(1컵)

양념
다진 마늘(1/4), 소금(약간), 후춧가루(약간), 버터(1)

선택재료
베이컨(1~2줄), 비엔나 소시지(2~3개), 케첩(2), 루꼴라(약간)

만드는 법

1 끓는 소금물에 스파게티를 넣고 5~6분간 삶아 건지고, 면수는 따로 담아놓고,

2 김치는 작게 썰고, 양파, 베이컨은 한입 크기로 썰고, 소시지는 슬라이스하고,

3 약간의 식초를 넣어 끓인 물에 달걀을 넣고 익혀 건져내 수란을 만들고,

4 달군 팬에 올리브오일(1)을 두르고 다진 마늘, 양파, 김치, 소시지, 베이컨을 넣고 1~2분간 김치의 신맛이 없어질 때까지 볶고,

5 면수(1/4컵)를 부은 뒤 끓어오르면 토마토홀을 붓고 살짝 끓이다가 삶은 스파게티를 넣고, 파르메산 치즈가루를 넣어 고루 섞고,

6 걸쭉한 농도가 나오면 버터, 케첩을 넣고 고루 버무린 뒤 접시에 담아 수란, 루꼴라를 올려 마무리.

요리 TIP
너무 익은 김치나 덜 익은 김치를 사용하면 맛이 나질 않으니 적당히 잘 익은 김치를 사용해주세요. 마지막 과정에 버터를 넣을 때 케첩을 같이 넣어주면 새콤달콤한 맛이 더해져 아이들이 좋아해요. 수란을 만들기 힘들다면 수란 대신 달걀프라이와 슬라이스 체더치즈를 올려도 맛있어요.

BACON POTATO PAPPARDELLE
베이컨 포테이토 파파르델레

이렇게 준비해요

필수재료
파파르델레(80g), 마늘종(2줄기), 베이컨(1/2컵), 감자(1/2개), 마늘(5~6쪽), 파르메산 치즈가루(1), 건고추(1개)

소스
올리브오일(1)

양념
소금(약간), 후춧가루(약간)

선택재료
미니양배추(3개), 건새우(1), 페페론치노(약간), 고수(약간)

만드는 법

1 끓는 소금물에 파파르델레를 넣고 4~5분간 삶고, 면수는 따로 담아놓고,

2 마늘종은 3cm 길이로 썰고, 베이컨은 깍둑 썰고, 미니양배추는 2등분하고,

3 감자는 껍질을 벗겨 사방 1cm 크기로 깍둑 썬 뒤 끓는 소금물에 넣어 데치고, 마늘은 눌러 으깨고,

4 중간 불로 달군 팬에 올리브오일(1)을 두른 뒤 마늘종, 베이컨을 넣어 노릇하게 볶고,

5 삶은 감자, 건새우, 미니양배추, 건고추와 손으로 부순 페페론치노를 넣어 익을 때까지 볶고,

6 면수(1/2컵)를 부어 오일과 면수가 적당한 농도가 되도록 잘 저은 뒤 삶은 파파르델레를 넣어 면에 오일 소스가 잘 흡수되도록 섞고,

7 접시에 담아 파르메산 치즈가루와 고수를 올려 마무리.

요리 TIP
매운맛을 좋아한다면 페페론치노를 조금 더 넣어주세요. 건새우를 넣으면 감자와 맛이 잘 어우러지면서 파스타의 감칠맛을 높여줘요.

살몬 감베리 로제 피칸테 페투치네
SALMON GAMBERI ROSE PICANTE FETTUCCINE

이렇게 준비해요

필수재료
페투치네(70g), 생연어살(80g),
중하새우(3마리), 다진 양파(1),
페페론치노(약간)

소스
화이트와인(1/4컵), 생크림(1컵), 토마토홀(1컵)

양념
고추기름(1), 다진 마늘(1/4), 소금(약간),
후춧가루(약간), 파르메산 치즈가루(1)

선택재료
블랙올리브(2개), 날치알(1),
이탈리안 파슬리(약간)

만드는 법

1 끓는 소금물에 페투치네를 넣어 6~7분간 삶아 건지고, 면수는 담아놓고,

2 연어는 한입 크기로 슬라이스하고, 새우는 껍질을 벗기고 등을 갈라 내장을 제거해 흐르는 물에 깨끗이 씻고,

3 중간 불로 달군 팬에 고추기름(1)을 두르고 다진 마늘, 다진 양파, 새우를 넣어 붉은색이 날 때까지 노릇하게 볶고,

4 화이트와인(1/4컵)을 부어 졸이면서 잡내를 제거하고,

5 생크림(1컵)과 토마토홀(1컵)을 부어 끓어오르기 시작하면 삶은 페투치네와 생연어살을 넣고 연어살이 부서지지 않도록 살살 섞고,

6 블랙올리브, 페페론치노, 파르메산 치즈가루를 넣고 섞은 후 농도가 걸쭉해지면 접시에 담아 날치알, 이탈리안 파슬리를 올려 마무리.

요리 TIP
연어는 맨 마지막 단계, 접시에 담기 직전에 넣어 기호에 맞게 익혀 먹으면 돼요. 고추기름이 없다면 대신 다진 청양고추를 사용해도 좋아요. 시중에서 판매하는 색소가 들어간 날치알은 빙어 함량이 70% 이상입니다. 100% 날치알을 사용하면 더 맛있는 파스타를 맛볼 수 있어요.

SPECIAL PASTA

CHAPTER 03

레스토랑처럼
SPECIAL PASTA

Vongole Basil Pesto Ringuine 봉골레 바질페스토 링귀네

Porchini Crema Ringuine 포르치니 크레마 링귀네

Buffalo Cheese Tomato Spaghetti 버팔로 토마토 스파게티

Mare Tomato Spaghetti 마레 토마토 스파게티

Abalone Gct Cream Conchiglie Casareccia 전복내장크림 콘킬리에 카사레치아

Capesante Oil Tagliatelle 관자 오일 탈리아텔레

Ragu Alla Bolognese Pappardelle 라구알라 볼로네제 파파르델레

Oyster Cream Spaghetti 생굴 크림 스파게티

Sea Urchin Roe Red Crab Meat Oil Tagliatelle 성게알 게살 오일 탈리아텔레

Flying Fish Roe Shrimp Oil Fettuccine 날치알 슈림프 오일 페투치네

Amatrichina Bucatini 아마트리치아나 부카티니

Salmon Creama Pappardelle 살몬 크레마 파파르델레

봉골레 바질페스토 링귀네
VONGOLE BASIL PESTO RINGUINE

CHAPTER 03

이렇게 준비해요

필수재료
링귀네(90g), 마늘(7~8쪽), 바지락(8개), 흑모시조개(8개), 가리비(1개), 아몬드슬라이스(1/2), 화이트와인(1/2컵), 건고추(1~2개)

소스
올리브오일(2), 바질페스토소스(2)
(*바질페스토 레시피는 179p 참고)

양념
소금(약간), 후춧가루(약간)

선택재료
아스파라거스(2줄기), 블랙올리브(2개)

만드는 법

1. 끓는 소금물에 링귀네를 넣고 7~8분간 삶아내어 건지고, 면수는 따로 담고,

2. 아스파라거스는 3cm 길이로 썰고, 마늘은 으깨고, 바지락, 흑모시조개, 가리비는 해감해서 씻어놓고, 아몬드 슬라이스는 마른 팬에 살짝 굽고,

3. 중간 불로 달군 팬에 올리브오일(2)을 두른 뒤 으깬 마늘, 아스파라거스, 블랙올리브, 건고추를 넣고 노릇하게 볶고,

4. 바지락, 흑모시조개를 넣고 화이트와인(1/2컵)을 부어 알코올이 날아갈 때까지 끓여 잡내를 제거하고,

5. 조개가 잠길 정도까지 면수(1컵)를 부은 뒤 끓이다가 조개들이 입을 벌리면 삶은 링귀네를 넣고, 중간 불에 국물이 자작해질 정도로 졸이고,

6. 국물이 자작해지면 불을 끄고 바질페스토를 넣어 버무린 뒤 구운 아몬드 슬라이스를 올려 마무리.

요리 TIP
바질페스토를 버무리기 전, 팬에 약간의 육수가 남아 있는지 확인해 주세요. 또한 바질향이 날아가지 않도록 불을 끄고 버무려주세요.

SPECIAL PASTA

포르치니 크레마 링귀네

PORCHINI CREMA RINGUINE

이렇게 준비해요

필수재료
링귀네(90g), 파르메산 치즈가루(2)

소스
생크림(1컵), 포르치니페스토(1컵)
(*포르치니소스 레시피는 178p 참고)

양념
소금(약간), 후춧가루(약간)

선택재료
블랙올리브(2개)

만드는 법

1 끓는 소금물에 링귀네를 넣고 7~8분간 삶아 건지고,

2 중간 불로 달군 팬에 생크림(1컵)과 포르치니페스토(1컵), 블랙올리브를 넣어 끓이고,

3 소스가 끓어오르기 시작하면 삶은 링귀네를 넣어 소스와 잘 엉기도록 저어가며 섞고,

4 소스의 농도가 걸쭉하게 되면 파르메산 치즈가루를 넣고 버무려 소금과 후춧가루로 간하고 마무리.

요리 TIP
거칠게 간 후추를 넉넉하게 뿌리고, 페페론치노를 추가로 넣으면 크림소스 특유의 고소함과 풍미가 더욱 좋아져요.

버팔로 토마토 스파게티

BUFFALO CHEESE TOMATO SPAGHETTI

이렇게 준비해요

필수재료
스파게티(90g), 버팔로치즈(60g), 방울토마토(4~5개), 다진 양파(1), 파르메산 치즈가루(2), 바질잎(4~5개)

소스
올리브오일(1), 토마토홀(1컵)

양념
다진 마늘(1/4), 소금(약간), 후춧가루(약간)

선택재료
블랙올리브(2개), 트러플오일(1/2)

만드는 법

1 끓는 소금물에 스파게티를 넣고 5~6분간 삶아 건지고, 면수는 따로 담아놓고,

2 버팔로치즈는 10g씩 6등분하고, 방울토마토는 4등분하고,

3 중간 불로 달군 팬에 올리브오일(1)을 두른 뒤 다진 마늘, 다진 양파, 블랙올리브를 넣어 노릇하게 볶고,

4 토마토홀(1컵)을 붓고 끓어오르기 시작하면 약간의 소금, 후춧가루로 간한 뒤 삶은 스파게티를 넣고,

5 소스가 어느 정도 졸여지면 접시에 담기 전에 불을 끄고 버팔로치즈, 파르메산 치즈가루, 방울토마토, 바질잎을 모두 넣고 고루 버무리고,

6 접시에 담아 먹기 직전 트러플오일(1/2)을 뿌려 마무리.

요리 TIP
토마토소스에 잘 어울리는 부드러운 치즈를 넣어 남녀노소 불문하고 좋아할 만한 파스타예요. 버팔로치즈는 물에 담겨져 있는 아주 부드러운 연성치즈로 파스타가 완성된 후 불을 끄고 버무려 주면 형태가 망가지지 않고 더 맛있게 먹을 수 있어요.

마레 토마토 스파게티
MARE TOMATO SPAGHETTI

이렇게 준비해요

필수재료
스파게티(90g), 모시조개(6개), 바지락(6개), 중하새우(3마리), 한치(30~40g), 다진 양파(1), 바질(4~5장)

소스
올리브오일(1), 화이트와인(1/4컵), 토마토홀(1 ½컵), 물(1컵)

양념
다진 마늘(1), 소금(약간), 후춧가루(약간)

선택재료
가리비(1개), 꽃게(1/2개)
(*개인 취향에 맞는 해산물을 추가하세요.)

만드는 법

1 끓는 소금물에 스파게티를 넣고 5~6분간 삶아 건지고,

2 모시조개와 바지락은 해감해 깨끗이 씻고, 새우는 등을 갈라 내장을 제거하고, 한치는 한입 크기로 썰고,

3 중간 불로 달군 팬에 올리브오일(1)을 두른 뒤 모시조개, 바지락, 새우, 다진 마늘, 다진 양파를 넣어 노릇하게 볶고, 소금과 후추로 간을 하고,

4 화이트와인(1/4컵)을 붓고 끓여 알코올을 날려 잡내를 잡은 뒤 물(1컵)을 부어 조개가 입을 벌릴 때까지 중간 불에서 끓이고,

5 토마토홀과 스파게티를 넣고 고루 섞어 소스가 어느 정도 졸여지면 한치를 넣고 30초 정도 익힌 뒤 접시에 담고 바질을 올려 마무리.

요리 TIP
한치나 오징어는 오래 조리되면 식감이 질겨져요. 불에서 내리기 30초 전에 넣고 익히면 한치 특유의 부드러우면서도 쫄깃한 식감을 살릴 수 있어요.

ABALONE GCT CREAM CONCHIGLIE CASARECCIA

전복내장크림 콘킬리에 카사레치아

이렇게 준비해요

필수재료
콘킬리에(50g), 카사레치아(50g), 전복(2개),
치즈가루(1), 다진 양파(1),
파르메산 치즈가루(2)

소스
버터(1), 레몬주스(1/2), 올리브오일(1),
생크림(1/4컵)

양념
다진 마늘(1/4), 소금(약간), 후춧가루(약간)

선택재료
그라나파다노치즈(약간), 레몬즙(약간)

만드는 법

1 끓는 소금물에 콘킬리에, 카사레치아를 넣어 5~6분간 삶아 건지고, 면수는 따로 담아놓고.

2 전복은 손질해 살과 내장을 분리하고, 전복살은 손톱 크기로 작게 깍둑 썰고, 분리한 내장은 버터, 레몬주스(1/2)를 넣고 믹서에 갈아 전복내장소스를 만들고.

3 중간 불로 달군 팬에 올리브오일(1)을 두른 뒤 다진 마늘, 다진 양파를 넣어 노릇하게 볶고.

4 잘게 썬 전복살을 넣고 볶다가 소금, 후춧가루로 간하고.

5 면수(1/2컵)를 넣고 끓어오르기 시작하면 생크림(1/4컵)을 넣고.

6 삶은 면을 넣고 소스가 어느 정도 졸여지면 불을 끄고 전복내장소스(2)와 파르메산 치즈가루를 넣고 버무리고, 접시에 담아 그라나파다노치즈를 갈아 뿌리고 레몬즙을 살짝 뿌려 마무리.

요리 TIP
불을 끄고 전복내장소스를 넣으면 비린 맛이 생기지 않고 전복내장 특유의 풍미를 살려줘요.
마지막에 레몬즙을 뿌리면 더 좋아요.

관자 오일 탈리아텔레
CAPESANTE OIL TAGLIATELLE

이렇게 준비해요

필수재료
탈리아텔레(70~80g), 모시조개(6개), 바지락(6개), 냉동관자(6~7개), 마늘(1/4컵)

소스
다진 마늘(1), 건고추(1개), 바질(5개), 화이트와인(1/4컵)

양념
올리브오일(1), 버터(1), 소금(약간), 후춧가루(약간)

선택재료
아스파라거스(2줄기), 타임(2~3줄기), 다진 이탈리안 파슬리(약간)

만드는 법

1 끓는 소금물에 탈리아텔레를 넣고 4~5분간 삶아 건지고,

2 달군 팬에 다진 마늘을 넣고 볶다가 건고추, 모시조개, 바지락, 바질, 화이트와인(1/4컵)을 넣고 알코올을 날리고,

3 조개가 잠길 정도로 물을 붓고 끓이다가 조개가 입을 벌리면 체에 조개를 걸러 조개 육수만 따로 준비해 놓고,

4 냉동관자는 깨끗이 씻고, 마늘은 눌러 으깨고, 아스파라거스는 껍질을 벗겨 5cm 길이로 어슷 썰고,

5 중간 불로 달군 팬에 올리브오일(1)을 두른 뒤 으깬 마늘을 넣고 노릇하게 볶고,

6 조개육수, 삶은 탈리아텔레, 냉동관자, 아스파라거스를 넣은 뒤 버터를 넣고 한쪽 방향으로 계속 저어 익히고,

7 면과 소스가 잘 어우러져 농도가 걸쭉해지면 접시에 담아 타임을 올리고 다진 이탈리안 파슬리를 뿌려 마무리.

요리 TIP
모든 오일파스타는 팬에 면을 넣음과 동시에 한쪽 방향으로 쉼 없이 돌려주어 농도를 조절하는 것이 포인트예요. 버터 1숟가락을 넣으면 농도를 잘 잡아주는 것은 물론, 고소한 맛도 감돌고 파르메산 치즈가루와도 잘 어울려서 아이들도 좋아할 만한 짭조름하고 고소한 맛의 파스타가 완성돼요.

라구알라 볼로네제 파파르델레
RAGU ALLA BOLOGNESE PAPPARDELLE

이렇게 준비해요

필수재료
파파르델레(70~80g), 표고버섯(2개), 양송이버섯(2개), 새송이버섯(1/2개), 가지(1/2개), 마늘(5~6쪽), 파르메산 치즈가루(1)

소스
올리브오일(1), 버터(1/2), 라구소스(1컵)
(*라구소스 레시피는 177p 참고)

양념
소금(약간), 후춧가루(약간)

선택재료
블랙올리브(2개), 그라나파다노치즈(약간), 타임(약간)

만드는 법

1 끓는 소금물에 파파르델레를 넣고 4~5분간 삶아 건지고, 면수는 따로 담아놓고,

2 라구소스는 미리 끓여놓고, 표고버섯은 2등분하고, 양송이버섯은 4등분하고, 새송이버섯과 가지는 한입 크기로 썰고, 마늘은 눌러 으깨고,

3 중간 불로 달군 팬에 올리브오일(1)을 두르고 표고버섯, 양송이버섯, 새송이버섯, 가지, 블랙올리브를 넣고 노릇하게 볶은 뒤 면수(1/2컵)와 라구소스를 넣고 끓어오르면 삶은 파파르델레를 넣어 살짝 졸이고,

4 소스의 농도가 걸쭉해지면 파르메산 치즈가루를 뿌려 골고루 버무린 뒤 버터, 소금과 후춧가루로 간해 접시에 담고, 타임을 올리고, 그라나파다노치즈를 갈아 뿌려 마무리.

요리 TIP
소스만 미리 준비해 두면 쉽게 만들 수 있는 파스타예요. 마지막에 그라나파다노치즈를 갈아 넣으면 라구소스의 풍미를 높여주어 더욱 맛있어요.

생굴 크림 스파게티
OYSTER CREAM SPAGHETTI

이렇게 준비해요

필수재료
스파게티(90g), 생굴(100g), 다진 대파(1),
다진 양파(1), 레몬 슬라이스(3조각)

소스
올리브오일(1), 생크림(1 ½컵)

양념
다진 마늘(1/4), 소금(약간), 후춧가루(약간)

선택재료
블랙올리브(2개), 거친 후추(약간),
이탈리안 파슬리(약간)

만드는 법

1 끓는 소금물에 스파게티를 넣고 5~6분간 끓여 삶아 건져내고,

2 생굴은 흐르는 물에 깨끗이 씻어 체에 걸러 물기를 빼고,

3 중간 불로 달군 팬에 올리브오일(1)을 두른 뒤 다진 마늘, 다진 대파, 다진 양파, 블랙올리브를 넣어 노릇하게 볶고,

4 생크림(1 ½컵)을 넣고 끓어오르면 소금, 후춧가루로 간하고,

5 미리 삶아둔 스파게티, 생굴, 레몬 슬라이스를 넣고 고루 섞어 끓이고,

6 소스의 농도가 걸쭉해지면 접시에 담아 거친 후추를 듬뿍 뿌리고 이탈리안 파슬리를 올려 마무리.

요리 TIP
마지막에 레몬 슬라이스를 넣으면 새콤한 레몬의 맛이 굴과 잘 어우러져 풍미를 한층 더 높여줘요. 신선한 굴로 맛을 내는 민감한 파스타이므로 신선하고 맛있는 생굴이 나오는 겨울철에만 만들어주세요.

성게알 게살 오일 탈리아텔레
SEA URCHIN ROE RED CRAB MEAT OIL TAGLIATELLE

이렇게 준비해요

필수재료
탈리아텔레(80~90g), 게살(크랩크로우 30g), 다진 양파(1), 버터(1), 성게알(캐나다산 30g)

소스
마늘(2~3쪽), 바지락(10개), 건고추(1개), 화이트와인(1/2컵), 물(1컵)

양념
다진 마늘(1/4), 올리브오일(1), 소금(약간), 후춧가루(약간)

선택재료
블랙올리브(2개), 통핑크페퍼(10알), 타임(2~3줄기)

만드는 법

1 끓는 소금물에 탈리아텔레를 넣고 4~5분간 삶아 건지고,

2 마늘은 으깨고, 중간 불로 달군 팬에 식용유(1)를 두르고 바지락, 으깬 마늘, 건고추를 넣어 달달 볶다가 화이트와인(1/2컵)을 넣고 알코올이 날아갈 때까지 볶고,

3 물(1컵)을 넣고 뚜껑을 덮어 조개입이 다 벌어지면 조개는 체에 건지고 조개육수는 따로 담아놓고,

4 달군 팬에 올리브오일(1)을 두른 뒤 다진 마늘, 다진 양파, 블랙올리브를 넣고 노릇하게 볶고,

5 조개육수(1컵)를 붓고, 삶은 탈리아텔레를 넣고 소금, 후춧가루로 간하고,

6 소스가 끓어오르면 게살을 넣고 어느 정도 졸여지면 버터, 핑크페퍼를 넣고 면과 소스가 어우러지게 버무리고,

7 접시에 담고 성게알, 타임을 올려 마무리.

요리 TIP
게살을 너무 빨리 넣으면 비린 맛이 생길 수 있으니 반드시 마지막 조리과정에서 넣어주세요.
바지락은 걸쭉하고 감칠맛이 나며, 모시조개는 깔끔하고 담백한 맛이 나기 때문에 두 조개를 같이 사용하면 훨씬 더 맛이 좋아져요.

날치알 슈림프 오일 페투치네

FLYING FISH ROE SHRIMP OIL FETTUCCINE

이렇게 준비해요

필수재료
페투치네(70~80g), 탈각새우(5마리),
마늘(3~4쪽), 바지락(5개), 모시조개(5개),
날치알(1)

소스
올리브오일(2), 화이트와인(1/2컵),
엑스트라버진 올리브오일(1)

양념
소금(약간), 후춧가루(약간)

선택재료
방울토마토(3~4개), 블랙올리브(2개),
레몬 슬라이스(2개), 바질(5~6개)

만드는 법

1 끓는 소금물에 페투치네를 6~7분 삶아 건져내고, 면수는 따로 담아놓고,

2 탈각새우는 등을 갈라 내장을 제거하고, 방울토마토는 4등분하고, 마늘은 으깨고, 바지락과 모시조개는 해감 후 깨끗이 씻고,

3 중간 불로 달군 팬에 올리브오일(1)을 두른 뒤 으깬 마늘을 넣고 노릇하게 볶고,

4 바지락, 모시조개, 새우, 블랙올리브, 방울토마토를 넣어 볶고,

5 화이트와인(1/2컵)을 넣고 알코올을 날린 뒤 면수(1컵)를 붓고 끓이다가 조개 입이 벌어지면 삶은 페투치네, 레몬을 넣고,

6 엑스트라버진 올리브오일(1)을 두세 번에 나눠 넣고 면과 잘 어우러지게 젓가락으로 빠르게 젓고,

7 소스 농도가 걸쭉해지면 접시에 담아 날치알, 바질을 올려 마무리.

요리 TIP
짭쪼름한 오일파스타에 레몬을 넣으면 특유의 상큼하고 새콤한 맛이 아주 잘 어울려요.
방울토마토는 처음부터 같이 볶아야 식감도 좋고 신선한 맛을 끌어올려 줍니다.

아마트리치아나 부카티니
AMATRICHINA BUCATINI

이렇게 준비해요

필수재료
부카티니(70~80g), 양송이버섯(2개),
표고버섯(2개), 새송이버섯(1/2개),
베이컨(3줄), 가지(1/4개), 애호박(1/8개),
청양고추(1/2개), 마늘(4~5쪽),
파르메산 치즈가루(2)

소스
토마토홀(1 ½컵)

양념
고추기름(1), 다진 페페론치노(1/4), 소금(약간),
후춧가루(약간)

선택재료
양파(1/4개), 블랙올리브(2개), 이탈리안
파슬리(2~3줄)

만드는 법

1 끓는 소금물에 부카티니를 넣고 7~8분 삶아 건지고, 면수는 따로 담아두고,

2 양송이버섯, 표고버섯은 절반으로 자르고, 새송이버섯은 반으로 잘라 깍둑 썰고, 베이컨은 3cm 크기로 자르고,

3 가지, 애호박은 엄지손가락 크기로 자르고, 청양고추는 잘게 다지고, 마늘은 으깨고, 양파는 슬라이스해 올리브오일(1)을 두른 팬에 갈색이 나올 때까지 2~30분간 중간 불에서 볶아 캐러멜라이징하고,

4 중간 불로 달군 팬에 고추기름(1)을 두르고 페페론치노, 다진 청양고추를 넣고 살짝 볶다가 양송이버섯, 표고버섯, 새송이버섯, 베이컨, 가지, 호박을 넣어 노릇하게 볶고,

5 면수(1컵)와 토마토홀을 넣고 끓어오르기 시작하면 삶은 부카티니와 볶은 양파를 넣고, 소스가 끓어오르면 파르메산 치즈가루(1), 블랙올리브를 넣어 고루 버무리고,

6 그릇에 담아 이탈리안 파슬리를 올리고, 파르메산 치즈가루(1)를 뿌려 마무리.

요리 TIP
양파를 슬라이스해서 완전 숨이 죽어 갈색이 될 때까지 볶는 것을 캐러멜라이징이라고 해요.
아마트리치아나는 매운 토마토소스 파스타인데 이렇게 캐러멜라이징한 양파로 자연스러운 단맛을 내면 매운맛과 단맛이 매우 잘 어우러지는 파스타가 되지요.
캐러멜라이징은 조리 시간이 오래 걸리므로 여유있게 만들어 놓고 냉동 보관한 뒤 필요할 때마다 꺼내 쓰면 편하답니다.

살몬 크레마 파파르델레
SALMON CREAMA PAPPARDELLE

이렇게 준비해요

필수재료
파파르델레(70~80g), 생연어(80g),
다진 양파(1), 파프리카(1/4개),
파르메산 치즈가루(1)

소스
올리브오일(1), 생크림(1컵)

양념
다진 마늘(1/4), 소금(약간), 후춧가루(약간),
거친 후춧가루(약간)

선택재료
블랙올리브(2개), 날치알(1), 핑크페퍼(3~4알),
이탈리안 파슬리(약간)

만드는 법

1 끓는 소금물에 파파르델레를 넣고 5~6분 삶아 건지고,

2 생연어는 두툼하게 슬라이스하고, 파프리카는 길게 썰고,

3 중간 불로 달군 팬에 올리브오일(1)을 두른 뒤 다진 마늘과 다진 양파, 블랙올리브, 파프리카를 노릇하게 볶고,

4 생크림을 넣어 끓어오르기 시작하면 파르메산 치즈가루(0.5), 소금, 후춧가루로 간해서 끓이다가 삶은 파파르델레와 생연어를 넣고 졸이고,

5 소스가 되직한 농도가 되면 파르메산 치즈가루(0.5)를 넣고 섞은 뒤 접시에 담아 핑크페퍼와 거친 후춧가루를 뿌리고 날치알, 이탈리안 파슬리를 올려 마무리.

요리 TIP
시중에서 판매하는 주황색 날치알은 빙어알 함량이 50~70% 이상 섞인 거예요. 날치알이 들어가는 모든 파스타에는 100% 날치알을 사용해야 톡톡 터지는 특유의 식감이 살아 파스타를 더 맛있게 만들 수 있어요.

VEGETARIAN PASTA

CHAPTER 04

비건을 위한
VEGETARIAN PASTA

Turnip Chickpea Casarechia 순무잎 병아리콩 카사레치아

Garlic Stems Eggplant Oil Ringuine 마늘종 가지 오일 링귀네

**Pickled Mushroom
Oil Whole Wheat Rigatoni** 절인 버섯 오일 통밀리가토니

Artichoke Tomato Concase Conchiglie 아티초크 토마토 콩카세 콘킬리에

Water Parsley Pesto Tagliatelle 미나리페스토 탈리아텔레

Variety Olive Oil Ringuine 버라이어티 올리브오일 링귀네

**Shepherd's Purse Tofu
Soybean Paste Conchiglie** 냉이 두부 된장 콘킬리에

Bracken Cream Chickpea Pusilli 고사리 병아리콩 푸실리

Spinach Tomato Pusilli 시금치 토마토 푸실리

Tofu Avocado Kidnibins Gnocchi 두부 아보카도 키드니빈스 뇨키

순무잎 병아리콩 카사레치아
TURNIP CHICKPEA CASARECHIA

이렇게 준비해요

필수재료
카사레치아(60g), 순무잎(통조림용, 2장)

소스
병아리콩(통조림용, 120g), 물(1/2컵)

양념
소금(약간), 후춧가루(약간)

만드는 법

1 끓는 소금물에 카사레치아를 넣고 5~6분 삶아 건지고,

2 순무잎은 살짝 눌러 물기를 빼서 미리 준비해 놓고, 믹서에 병아리콩, 물(1/2컵), 소금을 넣어 곱게 갈아 병아리콩소스를 만들고,

3 중간 불로 달군 팬에 병아리콩소스(1컵)를 붓고 끓어오르기 시작하면 삶은 카사레치아를 넣어 소스가 걸쭉해질 때까지 졸이고,

4 소금, 후춧가루로 간하고, 불을 끄기 바로 전에 순무잎을 넣어 고루 섞은 뒤 그릇에 담아 마무리.

요리 TIP
이 파스타는 간을 맞추는 게 가장 중요해요. 다른 파스타보다 조금 더 짭조름하게 만들면 더 맛있게 완성돼요. 롱 파스타를 사용해서 만들면 고소한 콩국수 같은 느낌을 낼 수 있는 파스타입니다.

마늘종 가지 오일 링귀네
GARLIC STEMS EGGPLANT OIL RINGUINE

이렇게 준비해요

필수재료
링귀네(90g) , 마늘종(2줄기), 마늘(3~4쪽), 가지(1/3개), 건고추(1개)

소스
올리브오일(2)

양념
소금(약간), 후춧가루(약간), 청양초오일(1)

선택재료
블랙올리브(2개)

만드는 법

1 끓는 소금물에 링귀네를 넣고 7~8분간 삶아 건지고, 면수는 따로 담아두고,

2 마늘종은 3cm 길이로 잘라 식용유(1)를 두른 팬에 넣어 소금 간하여 볶고, 마늘은 납작 썰고, 가지는 1cm 두께로 자르고,

3 중간 불로 달군 팬에 올리브오일(2)을 두르고 편마늘, 건고추, 가지, 블랙올리브를 넣어 노릇하게 볶고,

4 면수(1컵)를 붓고 끓어오르기 시작하면 삶은 링귀네와 마늘종을 넣고 중간 불에서 졸이고,

5 소스가 걸쭉한 농도가 되면 청양초오일을 뿌려 접시에 담아 마무리.

요리 TIP
마늘종은 익히는 데 오래 걸리므로 미리 볶아 준비하는 것이 좋아요. 아주 담백한 맛을 가진 파스타지만 청양초오일로 약간의 매운맛을 더하면 더욱 맛있어져요.

절인 버섯 오일 통밀리가토니
PICKLED MUSHROOM OIL WHOLE WHEAT RIGATONI

이렇게 준비해요

필수재료
통밀리가토니(60g), 아스파라거스(2줄), 절인 버섯(통조림용, 1/2컵), 마늘(3~4쪽), 건고추(1개)

소스
올리브오일(2)

양념
소금(약간), 후춧가루(약간), 청양초오일(1)

선택재료
블랙올리브(2개), 바질(3~4장)

만드는 법

1 끓는 소금물에 통밀리가토니를 넣어 10~12분간 삶고, 면수는 따로 담아놓고,

2 아스파라거스는 껍질을 벗겨 3cm 길이로 썰고, 절인 버섯은 체에 밭쳐 두고, 마늘은 으깨고,

3 중간 불로 달군 팬에 올리브오일(1)을 두른 뒤 으깬 마늘과 건고추, 아스파라거스, 블랙올리브를 넣어 노릇하게 볶고,

4 면수(1컵)와 올리브오일(1)을 넣고 끓어오르기 시작하면 절인 버섯, 삶은 통밀리가토니, 바질을 넣어 고루 섞고,

5 소금, 후춧가루로 간하고 접시에 담아 청양초오일(1)을 뿌려 마무리.

요리 TIP
대가 굵은 아스파라거스는 아랫부분의 껍질을 필러로 살짝 벗겨내면 식감이 부드러워서 먹기 좋아요.

아티초크 토마토 콩카세 콘킬리에

ARTICHOKE TOMATO CONCASE CONCHIGLIE

이렇게 준비해요

필수재료
콘킬리에(60g), 아티초크(통조림용, 1/2컵), 마늘(3~4쪽), 토마토(2개)

소스
올리브오일(2)

양념
소금(약간), 후춧가루(약간)

선택재료
블랙올리브(2개)

만드는 법

1. 끓는 소금물에 콘킬리에를 넣고 5~6분간 삶아 건지고, 면수는 따로 담아두고,

2. 아티초크는 체에 건져 어느 정도 수분을 제거하고, 마늘은 으깨고,

3. 토마토는 끓는 물에 데쳐 십자로 칼집을 내고 껍질을 벗겨 씨를 제거한 뒤 작게 잘라 토마토 콩카세를 만들고,

4. 중간 불로 달군 팬에 올리브오일(1)을 두른 뒤 으깬 마늘, 블랙올리브를 넣고 노릇하게 볶고,

5. 토마토 콩카세(1컵)을 넣고 볶다가 면수(1컵)를 붓고 끓어오르기 시작하면 삶은 콘킬리에를 넣어 고루 섞고,

6. 올리브오일(1)을 넣어 농도가 걸쭉해질 때까지 끓이다가 소금, 후춧가루로 간해 마무리.

요리 TIP
아티초크의 신맛과 토마토의 신선함이 어우러지는 건강한 맛의 파스타예요. 아티초크의 신맛이 있어 굳이 레몬을 넣지 않아도 맛있어요.

미나리페스토 탈리아텔레

WATER PARSLEY PESTO TAGLIATELLE

CHAPTER 04

이렇게 준비해요

필수재료
탈리아텔레(80~90g), 편마늘(1/4컵)

소스
올리브오일(2)

미나리페스토
미나리(100g), 다진 마늘(1),
파르메산 치즈가루(1), 올리브오일(2),
소금(약간), 후춧가루(약간)

양념
소금(약간), 후춧가루(약간)

선택재료
블랙올리브(2개), 미나리잎(2~3개)

만드는 법

1 끓는 소금물에 탈리아텔레를 4~5분간 삶아 건지고, 면수는 따로 담아놓고,

2 미나리페스토 재료를 모두 믹서에 넣고 곱게 갈아 미나리페스토를 만들고,

3 중간 불로 달군 팬에 올리브오일(1)을 두른 뒤 편마늘을 넣고 노릇하게 볶고,

4 면수(1컵)와 올리브오일(1)을 붓고 끓이다가 삶은 탈리아텔레, 미나리페스토(3), 블랙올리브를 순서대로 넣고 졸인 뒤 접시에 담아 미나리잎을 올려 마무리.

요리 TIP
미나리페스토는 여유 있게 만들어 요리 마지막에 1~2스푼을 추가로 더 넣어주면 맛이 한층 더 깊어집니다.

VEGETARIAN PASTA

버라이어티 올리브오일 링귀네

VARIETY OLIVE OIL RINGUINE

이렇게 준비해요

필수재료
링귀네(90g), 편마늘(1/2컵),
5가지 모둠 올리브(1/3컵)

소스
올리브오일(2)

양념
소금(약간), 후춧가루(약간)

선택재료
바질(5~6장)

만드는 법

1 끓는 소금물에 링귀네를 넣고 7~8분 삶아 건지고, 면수는 따로 담아두고,

2 중간 불로 달군 팬에 올리브오일(1)을 두른 뒤 편마늘과 올리브를 넣고 노릇하게 볶고,

3 면수(1컵)를 붓고 끓어오르기 시작하면 삶은 링귀네와 올리브오일(1)을 넣어 졸이고,

4 소금, 후춧가루로 간한 뒤 접시에 담아 바질을 올려 마무리.

요리 TIP
오일 파스타는 오일과 면수가 충분하게 섞이도록 잘 저어주는 것이 가장 중요해요. 소스의 농도가 걸쭉하게 될 때까지 졸여야 면에 소스가 잘 배어들어 파스타가 맛있어져요.

냉이 두부 된장 콘킬리에

SHEPHERD'S PURSE TOFU SOYBEAN PASTE CONCHIGLIE

이렇게 준비해요

필수재료
콘킬리에(50~60g), 두부(100g), 냉이(30~40g), 마늘(3쪽)

소스
올리브오일(1), 된장(1), 참기름(1/2)

양념
소금(약간), 후춧가루(약간)

선택재료
블랙올리브(2개)

만드는 법

1 끓는 소금물에 콘킬리에를 5~6분간 삶아 건지고, 면수는 따로 담아놓고,

2 두부는 사방 1cm 크기로 썰고, 냉이는 깨끗한 물에 씻고, 마늘은 납작 썰고,

3 중간 불로 달군 팬에 올리브오일(1)을 두르고 마늘, 블랙올리브를 넣어 노릇하게 색이 나도록 볶고,

4 면수(1컵)를 붓고 끓어오르기 시작하면 삶은 콘킬리에와 냉이를 넣고 중간 불에서 2분간 끓이고,

5 된장(1), 참기름(1/2)을 넣고 졸여 걸쭉하게 농도를 만들고, 두부를 넣고 부서지지 않도록 살살 섞어 버무린 뒤 접시에 담아 마무리.

요리 TIP
두부는 맨 마지막에 넣어서 부서지지 않도록 조리해야 보기에도 좋고 맛도 있답니다.

고사리 병아리콩 푸실리

BRACKEN CREAM CHICKPEA PUSILLI

이렇게 준비해요

필수재료
푸실리(60g), 고사리(80g)

소스
병아리콩(통조림용, 120g), 물(1/2컵)
(*1:1비율입니다.)

양념
다진 마늘(1/4), 참기름(1/2), 소금(약간), 후춧가루(약간), 설탕(약간)

선택재료
블랙올리브(2개), 병아리콩(1)

만드는 법

1 끓는 소금물에 푸실리를 넣고 5~6분간 삶아 건지고,

2 병아리콩(120g)과 물(1/2컵)을 믹서에 넣고 곱게 갈아 소스를 만들고, 고사리는 끓는 물에 데쳐서 다진 마늘, 참기름을 넣고 고루 버무리고,

3 중간 불로 달군 팬에 블랙올리브, 병아리콩소스, 푸실리를 넣고 끓어오르면 소금, 후춧가루, 설탕으로 간을 한 뒤 바로 불을 끄고 접시에 담고,

4 양념한 고사리무침을 소복하게 올린 뒤 병아리콩(1)을 뿌려 마무리.

요리 TIP
고사리를 미리 데친 뒤 밑간해 사용하면 간이 고루 배어서 고사리의 풍미가 훨씬 더 살아납니다.

VEGETARIAN PASTA

시금치 토마토 푸실리
SPINACH TOMATO PUSILLI

이렇게 준비해요

필수재료
시금치푸실리(60g), 다진 양파(1),
데친 시금치(50g)

소스
토마토홀(1컵)

양념
소금(약간), 후춧가루(약간), 다진 마늘(1/4)

선택재료
블랙올리브(2개)

만드는 법

1 끓는 소금물에 시금치푸실리를 넣고 5~6분 삶아 건지고,

2 데친 시금치에 소금, 후춧가루, 다진 마늘, 다진 양파를 넣어 조물조물 버무리고,

3 팬에 토마토홀을 넣고 끓어오르기 시작하면 삶은 시금치푸실리, 양념한 시금치, 블랙올리브를 넣어 끓이고,

4 소스의 농도가 걸쭉해지면 불에서 내려 접시에 담아 마무리.

요리 TIP
시금치는 살짝 데친 뒤 미리 양념을 넣고 무쳐두면 고유의 향과 맛이 두 배가 됩니다.

두부 아보카도 키드니빈스 뇨키
TOFU AVOCADO KIDNIBINS GNOCCHI

CHAPTER 04

이렇게 준비해요

필수재료
두부(200g), 찰밀가루(100g), 아보카도(1/2개)

키드니빈스소스
키드니빈스(통조림용, 120g), 물(1/2컵)
(*1:1 비율입니다.)

양념
올리브오일(2), 소금(약간), 후추(약간)

선택재료
로즈메리(1줄기)

만드는 법

1 볼에 두부, 찰밀가루, 올리브오일(1), 소금을 넣고 반죽한 뒤 한입 크기로 잘라 뇨키(7~8조각)를 만들고,

2 키드니빈스와 물을 믹서에 넣고 갈아 키드니빈스소스를 만들고, 아보카도는 반으로 잘라 씨를 제거해 껍질을 벗긴 뒤 사방 1cm 크기로 썰고,

3 끓는 소금물에 뇨키를 넣어 물 위로 떠오르면 체로 바로 건져 물기를 제거하고, 얼음물에 넣어 식히고,

4 중간 불로 달군 팬에 키드니빈스소스를 넣어 끓이고, 다른 팬에 올리브오일(1)을 두른 뒤 뇨키를 넣고 노릇하게 굽고,

5 키드니빈스소스를 접시에 넓게 펼쳐 담은 뒤 구운 뇨키-아보카도-로즈메리 순으로 올려 마무리.

요리 TIP
두부와 찰밀가루 대신 볶은 보리나 현미를 가루로 반죽해 뇨키를 만들어도 맛있어요.
뇨키를 끓는 물에 데칠 때 반쯤 익어 떠오르면 빠르게 건져 얼음물에 식혀주어야 쫄깃하고 탱탱한 식감을 줄 수 있어요.

VEGETARIAN PASTA

DIET PASTA

CHAPTER 05

몸도 마음도 가볍게 즐기는
DIET PASTA

Roasted Vegetable Octopus
Oil Tagliatelle 구운채소 돌문어 오일 탈리아텔레

Roasted Eggplant White Ragu Ringuine 구운가지 화이트 라구 링귀네

Sea Urchin Roe Aglio E Olio Ringu 성게알 알리오 올리오 링귀네

Broccoli Spinach Cream Rigatoni 브로콜리 시금치 크림 리가토니

Striploin Shishito Pepper
Tomato Pappardelle 채끝등심 꽈리고추 토마토 파파르델레

Couscous White Fish Pasta 쿠스쿠스 흰살생선 파스타

Mushroom Spinach
Chicken Breast Cream Paccheri 버섯 시금치 닭가슴살 크림 파케리

Chicken Breast Anchovy
Oil Fettuccine 닭가슴살 안초비 오일 페투치네

Ratatouille Roast White Fish
Tomato Spaghetti 라따뚜이 흰살생선구이 토마토 스파게티

White Pollock Roe Oil Ringuine 백명란 오일 링귀네

구운채소 돌문어 오일 탈리아텔레
ROASTED VEGETABLE OCTOPUS OIL TAGLIATELLE

이렇게 준비해요

필수재료
탈리아텔레(70~80g), 양파(1/4개), 적파프리카(1/4개), 마늘(4~5쪽), 돌문어(40~50g), 안초비(2~3개)

소스
올리브오일(2)

양념
소금(약간), 후춧가루(약간)

선택재료
아스파라거스(2줄기), 블랙올리브(2개), 바질잎(4~5장)

만드는 법

1 끓는 소금물에 탈리아텔레를 넣고 4~5분간 삶아 건지고, 면수는 따로 담아놓고,

2 양파와 적파프리카는 사방 1cm 크기로 자르고, 마늘은 눌러 으깨 준비하고, 아스파라거스는 5cm 길이로 썰고,

3 돌문어는 굵은 소금을 뿌려 문질러 깨끗이 씻어 이물질을 제거한 뒤 끓는 물에 넣고 10분간 삶고, 얼음물에 식혀 체에 받쳐 물기를 빼고,

4 중간 불로 달군 팬에 올리브오일(1)을 두른 뒤 으깬 마늘, 양파, 적파프리카, 아스파라거스, 블랙올리브를 넣고 노릇하게 볶고,

5 면수(1컵)와 올리브오일(1)을 넣고 삶은 탈리아텔레와 손질된 돌문어를 넣고 소금, 후춧가루를 뿌리고,

6 걸쭉한 농도가 되면 안초비를 넣어 다시 간을 맞추고, 접시에 담고 바질잎을 올려 마무리.

요리 TIP

조리과정에서 안초비를 너무 일찍 넣으면 되면 비린 맛이 생겨요. 이런 이유로 안초비는 되도록 맨 마지막 과정에 넣어서 간을 맞춰야 해요. 안초비를 좋아하는 분들은 소금 간을 하지 않고 안초비 양을 늘려도 좋습니다. 집에 있는 다른 해산물을 추가로 넣거나 마트에서 판매하는 손질된 자숙문어를 사용해도 괜찮습니다.

구운가지 화이트 라구 링귀네

ROASTED EGGPLANT WHITE RAGU RINGUINE

CHAPTER 05

이렇게 준비해요

필수재료
링귀네(90g), 가지(1/2개), 다진 양파(1), 다진 양송이버섯(1), 다진 쇠고기(100g), 페코리노치즈(2), 버터(1), 트러플오일(1)

소스
올리브오일(2), 화이트와인(1/4컵)

양념
페페론치노(약간), 소금(약간), 후춧가루(약간), 다진 마늘(1/4)

선택재료
블랙올리브(2개), 다진 이탈리안 파슬리(약간)

만드는 법

1. 끓는 소금물에 링귀네를 넣고 7~8분간 삶아 건지고, 면수는 따로 담아 놓고,

2. 가지는 손톱 크기만큼 작게 깍둑 썰어 팬에 최소량의 올리브오일을 두른 뒤 1분간 볶다가 페페론치노, 소금, 후춧가루, 올리브오일(약간)을 더 둘러 센 불에서 볶은 뒤 팬에 덜어내 식히고,

3. 팬에 올리브오일(1)을 두른 뒤 다진 양파, 다진 마늘, 다진 양송이버섯을 넣고 중간 불에 살짝 볶고,

4. 다진 쇠고기를 넣고 소금, 후춧가루로 간한 뒤 갈색이 될 때까지 센 불에서 충분히 볶고,

5. 화이트와인(1/4컵)을 부어 잡내를 없앤 뒤 가지볶음, 면수(1컵)를 넣어 끓이고,

6. 삶은 링귀네-페코리노치즈-버터를 순서대로 넣고, 접시에 담아 다진 이탈리안 파슬리와 트러플오일을 뿌려 마무리.

요리 TIP

화이트라구소스 파스타의 맛을 결정짓는 포인트는 바로 찐득한 치즈 특유의 깊은 감칠맛이에요. 페코리노치즈가 없다면 파르메산 치즈가루로 대체해도 괜찮아요. 대신 파르메산 치즈가루를 사용할땐 고르곤졸라치즈를 함께 넣으면 더 맛있어요. 건표고버섯을 물에 불려 다진 뒤 바싹 볶아 넣어도 좋아요.

DIET PASTA

성게알 알리오 올리오 링귀네

SEA URCHIN ROE AGLIO E OLIO RINGU

이렇게 준비해요

필수재료
링귀네(90g), 냉장 성게알(60g), 버터(1), 파르메산 치즈가루(1), 마늘(4~5쪽), 살라미초리조(20g)

소스
올리브오일(1)

양념
소금(약간), 후춧가루(약간)

선택재료
블랙올리브(2개), 딜(1줄기)

만드는 법

1 끓는 소금물에 링귀네를 넣고 7~8분간 삶아 건지고, 면수는 따로 담아놓고,

2 볼에 성게알(50g)을 담고 버터, 파르메산 치즈가루를 넣고 고루 버무려 밑간하고, 마늘은 으깨고, 살라미초리조는 얇게 슬라이스해서 채 썰고,

3 중간 불로 달군 팬에 올리브오일(1)을 두른 뒤 으깬 마늘, 블랙올리브를 중간 불에 노릇하게 볶고,

4 면수(1컵)를 붓고 보글보글 끓어올라 점도가 생기면 소금, 후춧가루로 간하고,

5 삶은 링귀네와 살라미초리조를 넣어 졸이고,

6 불을 끄고 밑간한 성게알을 넣고 살살 버무리고, 농도가 걸쭉해지면 접시에 담아 남은 성게알(10g)과 딜을 올려 마무리.

요리 TIP
성게알은 냉장으로 잘 보관하면 특유의 단맛이 나서 아주 맛있어요. 수분이 많은 냉동된 성게알은 절대 사용하지 마세요. 캐나다산 성게알을 추천하며 취향에 맞게 양을 조절해서 넣으면 좋아요. 성게알에 미리 버터와 치즈가루로 밑간을 한 뒤 맨 마지막에 버무려 주면 비린 맛을 없애주면서 성게알의 풍미를 최대한 끌어올릴 수 있으므로 꼭 맨 마지막에 불을 끄고 버무려서 비벼먹는 파스타라는 느낌으로 만들어 주세요.

브로콜리 시금치 크림 리가토니

BROCCOLI SPINACH CREAM RIGATONI

이렇게 준비해요

필수재료
리가토니(80g), 중하새우(5마리), 토마토(2개), 다진 양파(1), 파르메산 치즈가루(1)

브로콜리 시금치 크림소스(150g)
브로콜리(100g), 시금치(100g), 생크림(100g)
(*브로콜리, 시금치, 생크림은 1:1:1 비율로 만드세요.)

양념
올리브오일(1), 다진 마늘(1/4),
화이트와인(1/4컵), 소금(약간), 후춧가루(약간)

선택재료
블랙올리브(2개)

만드는 법

1. 끓는 소금물에 리가토니를 넣고 10~11분간 삶아 건지고, 면수는 따로 담아 놓고,

2. 새우는 흐르는 물에 깨끗이 씻고, 토마토는 끓는 물에 살짝 데쳐 껍질을 벗기고 씨를 제거한 뒤 사방 1cm 크기로 썰고,

3. 브로콜리는 끓는 물에 2분간, 시금치는 소금물에 살짝 데친 뒤 생크림과 함께 믹서에 넣고 갈아 소스를 만들고,

4. 중간 불로 달군 팬에 올리브오일(1)을 넣고, 새우, 다진 마늘, 다진 양파, 블랙올리브를 넣고 노릇하게 볶고,

5. 화이트와인(1/4컵)을 부어 잡내를 잡아준 뒤 브로콜리 시금치 크림소스(150g)를 넣고 소금, 후춧가루로 간하고,

6. 삶은 리가토니를 넣어 살짝 졸인 뒤 불에서 내려 파르메산 치즈가루, 손질한 토마토를 넣어 마무리.

요리 TIP
더 건강하고 진한 소스 색의 파스타를 만들고 싶다면 생크림의 양은 조금 줄이고, 브로콜리와 시금치의 양을 더 늘리면 돼요.

채끝등심 꽈리고추 토마토 파파르델레

STRIPLOIN SHISHITO PEPPER TOMATO PAPPARDELLE

이렇게 준비해요

필수재료
파파르델레(60~70g), 완숙토마토(1/4개),
채끝등심(80~100g), 애호박(1/8개),
마늘(3쪽), 꽈리고추(5~6개),
파르메산 치즈가루(약간)

소스
토마토홀(1컵), 올리브오일(1)

양념
소금(약간), 후춧가루(약간)

선택재료
블랙올리브(2개)

만드는 법

1 끓는 소금물에 파파르델레를 넣고 4~5분간 삶아 건지고, 면수는 따로 담아 놓고,

2 완숙토마토는 끓는 소금물에 넣고 살짝 데쳐 껍질을 벗겨 씨를 제거한 뒤 사방 1cm 크기로 자르고, 채끝등심은 얇게 슬라이스하고, 애호박은 작게 자르고, 마늘은 납작 썰고,

3 중간 불로 달군 팬에 올리브오일(1)을 두른 뒤 애호박, 블랙올리브, 편마늘, 채끝등심, 꽈리고추를 넣고 센 불에서 살짝 볶고,

4 소금, 후춧가루로 간한 뒤 손질한 토마토를 넣고 중간 불에서 조금 더 볶고,

5 면수(1/2컵)를 넣고 육수를 우려낸 뒤 토마토홀(1컵)을 넣고,

6 삶은 파파르델레를 넣어 농도가 생기면 소금, 후춧가루로 간한 뒤 파르메산 치즈가루를 넣고 고루 섞어 마무리.

요리 TIP

채끝등심을 볶을 때 너무 약한 불에서 오래 볶으면 질겨질 수 있으니 센 불에서 짧은 시간 볶아 부드러운 식감을 살려주세요.

쿠스쿠스 흰살생선 파스타
COUSCOUS WHITE FISH PASTA

이렇게 준비해요

필수재료
쿠스쿠스(1컵), 생선살(냉동 도미, 80~100g), 마늘(3쪽), 파르메산 치즈가루(1)

소스
올리브오일(1), 화이트와인(1/4컵), 생크림(1/2컵), 버터(1)

양념
소금(약간), 후춧가루(약간)

선택재료
방울토마토(10개), 아스파라거스(1줄기), 다진 이탈리안 파슬리(약간), 그라나파다노치즈(약간), 레몬즙(1~2), 딜(1줄기)

만드는 법

1 쿠스쿠스는 끓는 소금물에 1~2분간 살짝 데쳐 체로 건져 물기를 제거하고,

2 방울토마토는 반으로 잘라 씨를 빼고 소금, 후춧가루를 뿌려 가정용 오븐이나 가정용 식품 건조기에 말려 썬드라이 토마토를 만들고,

3 생선살은 1cm 두께로 슬라이스하고, 마늘은 납작 썰고, 아스파라거스는 4~5cm 길이로 자르고,

4 중간 불로 달군 팬에 올리브오일(1)을 두른 뒤 편마늘과 아스파라거스를 노릇하게 볶고,

5 두툼하게 슬라이스한 생선살을 넣고, 소금, 후춧가루로 간한 뒤 다시 한 번 볶고,

6 화이트와인(1/4컵)을 부어 잡내를 제거한 뒤 생크림(1/2컵)과 버터, 쿠스쿠스를 넣어 졸이고,

7 파르메산 치즈가루를 뿌린 뒤 접시에 담아 다진 이탈리안 파슬리, 그라나파다노치즈를 갈아 뿌리고, 볼에 썬드라이 토마토를 담고 레몬즙(1~2)와 딜을 곁들여 마무리.

요리 TIP
생선살을 볶을 때 부서져도 맛에는 상관없으니 편하게 볶아주면 돼요. 생선살은 조금 두툼하게 슬라이스해야 식감이 더 좋아요.

버섯 시금치 닭가슴살 크림 파케리

MUSHROOM SPINACH CHICKEN BREAST CREAM PACCHERI

이렇게 준비해요

필수재료
파케리(80g), 다진 양파(1),
파르메산 치즈가루(1)

뽈로크림소스(2~3)
삶은 닭가슴살(100g), 생크림(1/2컵),
데친 시금치(50g)

소스
올리브오일(1), 생크림(1컵)

양념
소금(약간), 후춧가루(약간), 다진 마늘(1/4)

선택재료
양송이버섯(약간), 블랙올리브(2개),
그라나파다노치즈(약간), 핑크페퍼(약간)

만드는 법

1 끓는 소금물에 파케리를 넣고 10~12분간 삶아 건지고, 면수는 따로 담아 놓고,

2 삶은 닭가슴살(100g), 생크림(1/2컵), 데친 시금치, 소금, 후춧가루를 모두 믹서에 넣고 갈아 뽈로크림소스를 만들고, 양송이버섯은 최대한 얇게 슬라이스하고,

3 중간 불로 달군 팬에 올리브오일(1)을 넣고 다진 마늘, 다진 양파, 블랙올리브를 넣어 볶고,

4 면수(1/2컵)와 생크림(1컵)을 넣어 끓이다가 삶은 파케리, 뽈로크림소스(1컵)를 넣은 뒤 소금, 후춧가루로 간해 살짝 걸쭉해지도록 졸이고,

5 파르메산 치즈가루를 넣어 섞은 뒤 접시에 담아 그라나파다노치즈를 갈아 뿌리고 슬라이스한 양송이버섯, 핑크페퍼를 올려 마무리.

요리 TIP

뽈로소스에 들어가는 닭가슴살은 비리지 않게 삶는 것이 중요해요. 물에 월계수잎, 통후추, 건고추, 허브 등 집에 있는 향신료를 있는 대로 넣고 삶으면 비린맛을 어느 정도 잡을 수 있어요. 물이 끓기 시작할 때 닭가슴살을 넣고 5~8분 정도 삶아 젓가락으로 찔러봐서 붉은 빛이 없으면 잘 삶아진 거니 건져주세요.

닭가슴살 안초비 오일 페투치네
CHICKEN BREAST ANCHOVY OIL FETTUCCINE

이렇게 준비해요

필수재료
페투치네(80g), 아스파라거스(2줄기), 닭가슴살(100g), 마늘(4~5쪽), 건고추(2~3개), 다진 청양고추(1/2), 안초비(3~4개)

소스
올리브오일(2), 화이트와인(1/4컵)

양념
소금(약간), 후춧가루(약간)

선택재료
페페론치노(약간), 블랙올리브(2개)

만드는 법

1 끓는 소금물에 페투치네를 넣고 6~7분간 삶아 건지고, 면수는 따로 담아놓고,

2 아스파라거스는 껍질을 벗겨 5cm 길이로 어슷 썰고, 닭가슴살은 손가락 굵기로 길게 썰고, 마늘은 으깨고, 페페론치노는 손으로 부숴놓고,

3 중간 불로 달군 팬에 올리브오일(1)을 두른 뒤 으깬 마늘을 넣고 중간 불에서 노릇하게 볶고,

4 닭가슴살과 아스파라거스, 건고추, 블랙올리브, 다진 청양고추, 페페론치노를 넣고 1~2분간 중간 불에서 볶고,

5 센 불에서 화이트와인(1/4컵)을 넣고 잡내를 없앤 뒤 면수(1 ½컵)와 올리브오일(1)을 넣고 다시 중간 불에서 1~2분간 끓여 육수를 만들고,

6 삶은 페투치네를 넣고 고루 섞어 소스가 살짝 졸여지면 안초비를 넣고 가볍게 섞어 마무리.

요리 TIP
이 파스타는 국물이 자작해야 더 맛있으므로 면수를 넣은 뒤 충분히 끓여주어 육수의 감칠맛을 살리는 게 포인트예요. 간이 약하다 싶으면 안초비를 더 넣고 간을 맞추는 게 좋아요. 안초비는 항상 마지막에 넣어야 비리지 않으니 꼭 기억해주세요.

라따뚜이 흰살생선구이 토마토 스파게티

RATATOUILLE ROAST WHITE FISH TOMATO SPAGHETTI

CHAPTER 05

이렇게 준비해요

필수재료
스파게티(90g), 생선살(냉동도미, 80g), 마늘(2쪽), 가지(1/4개), 양파(1/4개), 파프리카(1/4개), 애호박(1/6개), 양송이버섯(2개), 버터(1/2), 파르메산 치즈가루(1)

소스
올리브오일(1), 토마토홀(1/2컵)

양념
소금(약간), 후춧가루(약간)

선택재료
블랙올리브(2개), 타임(약간)

만드는 법

1 끓는 소금물에 스파게티를 넣어 5~6분 넣어 삶아 건지고, 면수는 따로 담아놓고,

2 도미살은 두툼하게 슬라이스하고, 마늘은 편으로 썰고, 가지, 양파, 파프리카, 애호박, 양송이버섯은 모두 사방 1cm 크기로 썰고,

3 중간 불로 달군 팬에 버터를 두르고 도미살을 올린 뒤 소금, 후춧가루를 뿌려 앞뒤로 노릇하게 굽고,

4 또 다른 팬에 올리브오일(1)을 두르고 편마늘, 블랙올리브를 넣어 노릇하게 볶고,

5 가지, 양파, 파프리카, 애호박, 양송이버섯을 모두 넣고 숨이 죽을 때까지 노릇하게 볶다가 토마토홀(1/2컵), 면수(1/2컵)를 넣어 끓이고,

6 삶은 스파게티를 넣고 소금, 후춧가루, 파르메산 치즈가루를 넣어 어느 정도 졸인 뒤 접시에 담아 구운 생선살을 올리고 타임으로 장식해 마무리.

요리 TIP

등푸른생선을 좋아하면 고등어, 삼치 종류를 구워 올려도 좋아요. 매콤한 맛을 원하면 고추기름을 넣거나 청양고추를 다져 넣어도 맛있어요. 볶은 모듬 채소에 면수와 토마토홀을 넣은 뒤 충분히 끓여줘야 채소의 풍미가 육수에 우러나와 훨씬 더 맛있어요.

백명란 오일 링귀네
WHITE POLLOCK ROE OIL RINGUINE

이렇게 준비해요

필수재료
링귀네(90g), 버터(1 ½), 명란(1개)

소스
백명란오일소스(2)
(*백명란오일소스 레시피는 180p 참고)

양념
거친 후추(약간)

선택재료
블랙올리브(2개), 딜(약간)

만드는 법

1. 끓는 소금물에 링귀네를 넣어 7~8분간 삶아 건지고, 면수는 따로 담아놓고,

2. 약한 불에 팬을 올려 버터(1/2)를 넣어 녹인 뒤 명란을 넣어 노릇하게 굽고,

3. 팬에 면수(1컵)를 붓고 백명란오일소스(2), 블랙올리브를 넣은 뒤 끓어오르면 삶은 링귀네를 넣고,

4. 졸여지면 불을 끄고 버터(1)를 넣어 잘 버무린 뒤 접시에 담아 구운 명란, 딜을 올려 마무리.

요리 TIP
버터에 명란을 구울 때는 속까지 완전히 다 익히지 않아도 괜찮아요. 명란알이 많이 들어갈수록 맛있는 파스타이기 때문에 반드시 저염 백명란을 사용하는 것이 좋아요. 오일파스타에 버터를 넣으면 느끼할 것 같지만 명란알의 짭조름함과 잘 어우러져 오히려 소스의 풍미가 살고 감칠맛이 좋아진답니다. 명란오일소스만 만들어 놓으면 누구나 쉽게 따라할 수 있는 파스타예요.

KIDS PASTA

CHAPTER 06

성장기 어린이를 위한
KIDS PASTA

Chicken Breast Cream Rigatoni 닭가슴살 크림 리가토니

Cheddar Cheese Sausage Rose Spaghetti 체더치즈 소시지 로제 스파게티

Red Crab Meat Rose Spaghetti 홍게속살 로제 스파게티

Five Cheese Oven Meats Rigatoni 5가지 치즈 오븐미트 리가토니

Tenderloin Cream Ringuine 안심 크림 링귀네

Fresh Mozzarella Pomodoro Casareccia 프레시모차렐라 포모도로 카사레치아

Asparagus Broccoli Bacon Tomato Spaghetti 아스파라거스 브로콜리 베이컨 토마토 스파게티

Bolognese Burrata Rose Ringuine 볼로네제 부라타 로제 링귀네

닭가슴살 크림 리가토니

CHICKEN BREAST CREAM RIGATONI

이렇게 준비해요

필수재료
리가토니(70~80g), 양송이버섯(3개),
닭가슴살(80~100g), 껍질 벗긴 새우(3마리),
다진 양파(1), 파르메산 치즈가루(1)

소스
올리브오일(1), 생크림(1 ½컵)

양념
다진 마늘(1/4), 소금(약간), 후춧가루(약간)

선택재료
블랙올리브(2개)

만드는 법

1 끓는 소금물에 리가토니를 넣고 10~12분간 삶고, 면수는 따로 담아놓고,

2 양송이버섯은 4등분하고, 닭가슴살은 반으로 잘라 한입 크기로 썰고, 새우는 등을 갈라 내장을 제거한 뒤 흐르는 물에 깨끗이 씻고,

3 중간 불로 달군 팬에 올리브오일(1)을 두른 뒤 다진 마늘, 다진 양파, 양송이버섯, 블랙올리브, 닭가슴살, 새우를 넣어 노릇하게 볶고,

4 면수(1/2컵)를 붓고 1~2분간 끓이다가 생크림(1 ½컵)을 붓고 소금, 후춧가루로 간하고,

5 끓어오르면 삶은 리가토니와 파르메산 치즈가루를 넣고, 농도가 걸쭉해지면 그릇에 담아 마무리.

요리 TIP
리가토니는 구멍이 크게 뚫려 있어 소스를 되직하게 졸여서 구멍에 잘 스며들게 조리하면 더 맛있어요. 소스가 가볍고 묽으면 맛이 없으니 센 불에서 졸여야 맛을 낼 수 있답니다.

체더치즈 소시지 로제 스파게티

CHEDDAR CHEESE SAUSAGE ROSE SPAGHETTI

이렇게 준비해요

필수재료
스파게티(90g), 양파(1/2개),
체더치즈 소시지(1개), 마늘(2쪽)

소스
토마토홀(1컵), 생크림(1컵),
파르메산 치즈가루(2)

양념
올리브오일(1), 소금(약간), 후추(약간)

선택재료
모둠채소(적파프리카+가지, 1/2컵),
블랙올리브(2개)

만드는 법

1. 끓는 소금물에 스파게티를 넣어 5~6분간 삶아 건지고, 면수는 따로 담아놓고,

2. 양파의 반은 슬라이스해 올리브오일(1)을 두른 팬에 넣고 갈색을 띨 때까지 중간 불에서 15분간 볶아 캐러멜라이징 하고,

3. 남은 양파, 적파프리카, 가지는 한입 크기로 썰고, 소시지는 1.5cm 두께로 슬라이스하고, 마늘은 납작 썰고,

4. 중간 불로 달군 팬에 올리브오일(1)을 두른 뒤 편마늘, 블랙올리브, 소시지, 양파, 적파프리카, 가지를 넣고 노릇하게 볶고,

5. 면수(1/2컵)를 부어 1~2분간 더 끓이고, 토마토홀(1컵), 생크림(1컵)을 넣고, 끓어오르기 시작하면 삶은 스파게티를 넣어 농도가 나올 때까지 졸이고,

6. 소금, 후춧가루, 파르메산 치즈가루, 볶은 양파를 넣고 고루 섞은 뒤 접시에 담아 마무리.

요리 TIP
캐러멜 어니언을 신이 내린 단맛이라고 표현하는데, 맨 마지막에 1스푼을 넣고 버무려주면 달콤한 맛을 좋아하는 어린이들이 더 건강하게 단맛을 즐길 수 있지요. 캐러멜 어니언은 설탕이 들어가는 모든 요리에 설탕 대신 사용할 수 있어요.

홍게속살 로제 스파게티
RED CRAB MEAT ROSE SPAGHETTI

CHAPTER 06

이렇게 준비해요

필수재료
스파게티(90g), 다진 양파(1), 홍게속살(60g), 날치알(1)

소스
올리브오일(1), 토마토홀(1컵), 생크림(1컵), 파르메산 치즈가루(1)

양념
다진 마늘(1/4), 소금(약간), 후춧가루(약간)

선택재료
파프리카(1/2개), 블랙올리브(2개), 이탈리안 파슬리(약간)

만드는 법

1 끓는 소금물에 스파게티를 넣고 5~6분간 삶아 건지고,

2 파프리카는 겉을 살짝 태워 구운 뒤 껍질을 벗긴 후 속씨를 제거해 차가운 물에 한 번 씻어 2cm 길이로 길게 썰고,

3 중간 불로 달군 팬에 올리브오일(1)을 두른 뒤 다진 마늘, 다진 양파, 블랙올리브를 넣어 노릇하게 볶고,

4 토마토홀(1컵), 생크림(1컵), 파프리카를 넣어 끓이다가 삶은 스파게티를 넣고, 어느 정도 농도가 나오면 홍게속살, 파르메산 치즈가루를 넣고 고루 버무리고,

5 접시에 담은 뒤 날치알과 이탈리안 파슬리를 올려 마무리.

요리 TIP
홍게속살은 반드시 마지막에 넣어야 비린 맛을 최소화할 수 있어요. 이 파스타의 로제소스는 수프 농도 정도로 숟가락으로 그냥 떠먹어도 느끼하지 않은 가벼운 맛을 가졌답니다. 크림 파스타를 먹고 싶으나 너무 느끼해서 못먹는 사람들과 어린이들을 위한 대중적인 맛의 크림소스 파스타예요.

KIDS PASTA

5가지 치즈 오븐미트 리가토니

FIVE CHEESE OVEN MEATS RIGATONI

이렇게 준비해요

필수재료
리가토니(70~80g), 카프레제치즈(60g), 카망베르치즈(30g), 페타치즈(30g), 파르메산 치즈가루(1)

소스
라구소스(1 ½컵)
(*라구소스 레시피는 177p 참고)

양념
소금(약간), 후춧가루(약간)

선택재료
모차렐라 피자치즈(1/2컵)

만드는 법

1. 끓는 소금물에 리가토니를 넣고 10~12분간 삶아 건져내고, 면수는 따로 담아놓고,

2. 카프레제치즈는 6등분, 카망베르치즈는 3등분하고, 페타치즈는 손으로 부숴놓고,

3. 중간 불로 달군 팬에 라구소스(1 ½컵)와 면수(1/2컵)를 넣고 끓어오르기 시작하면 삶은 리가토니를 넣고 소금, 후춧가루로 간하고,

4. 오븐용기에 담고, 피자치즈-카망베르치즈-카프레제치즈-페타치즈-파르메산 치즈가루 순으로 수북하게 올려 200℃ 정도로 예열된 오븐에 넣어 4~5분 정도 녹여 마무리.

요리 TIP
호불호 없이 대부분의 아이들이 좋아하는 파스타예요. 아이들이 좋아하는 치즈로만 듬뿍 올려주셔도 좋아요. 오븐이 없다면 전자레인지를 사용해도 괜찮아요.

안심 크림 링귀네
TENDERLOIN CREAM RINGUINE

이렇게 준비해요

필수재료
링귀네(90g), 안심 또는 등심(80~100g),
애호박(1/4개), 양송이버섯(3개),
파르메산 치즈가루(1)

소스
올리브오일(1), 생크림(1 ½컵),
고르곤졸라치즈 또는 블루치즈(1/2)

양념
소금(약간), 후춧가루(약간)

선택재료
블랙올리브(2개), 다진 이탈리안 파슬리(약간)

만드는 법

1 끓는 소금물에 링귀네를 넣고 7~8분간 삶아 건지고, 면수는 따로 담아놓고,

2 안심은 4~5등분해 큼지막하게 썰고, 애호박은 도톰하게 슬라이스해 한입 크기로 썰고, 양송이버섯은 4등분하고,

3 중간 불로 달군 팬에 올리브오일(1)을 두른 뒤 양송이버섯, 애호박, 블랙올리브, 안심을 모두 넣고 노릇하게 볶고,

4 안심이 노릇하게 익으면 면수(1/2컵)와 생크림(1 ½컵)을 넣고 약간의 소금, 후춧가루로 간하고,

5 끓어오르면 삶은 링귀네, 고르곤졸라치즈 또는 블루치즈, 파르메산 치즈가루를 넣어 고루 섞고,

6 걸쭉한 농도가 되면 접시에 담아 다진 이탈리안 파슬리를 뿌려 마무리.

요리 TIP
고르곤졸라치즈 또는 블루치즈는 생크림이 끓어오르면 바로 넣어야 해요. 나중에 소스가 되직해진 상태에서 치즈를 넣으면 충분히 녹지 않아 먹을 때 덩어리가 씹혀서 짠맛이 날 수 있어요. 간만 잘 맞추면 중독성이 있게 맛있는 파스타예요.

프레시모차렐라 포모도로 카사레치아

FRESH MOZZARELLA POMODORO CASARECCIA

이렇게 준비해요

필수재료
카사레치아(70~80g),
프레시 모차렐라치즈(80~100g),
파르메산 치즈가루(2)

소스
토마토홀(1 ½컵)

양념
소금(약간), 후춧가루(약간)

선택재료
블랙올리브(2개)

만드는 법

1 끓는 소금물에 카사레치아를 넣어 5~6분간 삶아 건지고,

2 프레시 모차렐라 치즈는 한입 크기로 얇게 슬라이스하고,

3 중간 불로 달군 팬에 토마토홀(1 ½컵)을 넣고 끓어오르기 시작하면 삶은 카사레치아, 파르메산 치즈가루, 블랙올리브를 넣고 소금, 후춧가루로 간하고,

4 소스가 어느 정도 졸여지면 면만 먼저 건져 미리 접시에 담고,

5 팬에 남은 토마토소스에 모차렐라치즈를 넣고 소스에 담가 살짝 녹으면 담은 면 위에 얹은 뒤 파르메산 치즈가루를 뿌려 마무리.

요리 TIP
팬에 있는 소스에 프레시모차렐라치즈를 담가 녹일 때 너무 많이 녹이지 마세요. 살짝 덜 녹여도 면의 열기로 좀 더 녹아 먹을 때 딱 좋은 식감이 되어 치즈의 풍미를 더 살릴 수 있어요.

아스파라거스 브로콜리 베이컨 토마토 스파게티

ASPARAGUS BROCCOLI BACON TOMATO SPAGHETTI

이렇게 준비해요

필수재료
스파게티(90g), 아스파라거스(2줄기), 베이컨(2줄), 다진 양파(1), 파르메산 치즈가루(1)

소스
올리브오일(1), 토마토홀(1 ½컵)

양념
다진 마늘(1/4), 소금(약간), 후춧가루(약간)

선택재료
브로콜리(3~4조각), 그라나파다노치즈(약간)

만드는 법

1 끓는 소금물에 스파게티를 넣고 5~6분간 삶아 건지고, 면수는 따로 담아놓고,

2 아스파라거스는 껍질을 벗기고 5~6cm 길이로 어슷 썰고, 브로콜리는 끓는 소금물에 1~2분간 데쳐 차가운 물에 씻어 물기를 빼고,

3 베이컨 1줄은 팬에서 바싹 구워서 장식용로 준비하고, 나머지 한 줄은 1cm 크기로 썰고,

4 중간 불로 달군 팬에 올리브오일(1)을 두른 뒤 베이컨, 다진 마늘, 다진 양파, 아스파라거스를 넣고 노릇하게 볶고,

5 면수(1/2컵)를 넣고 약한 불에서 베이컨의 육수가 우러나올 수 있도록 끓이고,

6 토마토홀(1 ½컵), 파르메산 치즈가루, 브로콜리, 삶은 스파게티를 넣고 어느 정도 졸여지면 접시에 담은 뒤 구운 베이컨을 올리고, 그라나파다노치즈를 갈아 뿌려 마무리.

요리 TIP
데친 브로콜리는 그냥 두면 점점 더 익어 아삭한 식감을 잃을 수 있어요. 데치자마자 차가운 얼음물에 식혀 물기를 빼고 조리 과정 맨 마지막에 넣으면 맛있는 식감으로 먹을 수 있어요.

볼로네제 부라타 로제 링귀네

BOLOGNESE BURRATA ROSE RINGUINE

CHAPTER 06

이렇게 준비해요

필수재료
링귀네(90g), 다진 양파(1),
파르메산 치즈가루(1), 부라타치즈(60g)

소스
올리브오일(1), 라구소스(1컵), 생크림(1컵)
(*라구소스 레시피는 177p 참고)

양념
다진 마늘(1/4), 소금(약간), 후춧가루(약간)

선택재료
블랙올리브(2개), 이탈리안 파슬리(약간),
트러플오일(1)

만드는 법

1 끓는 소금물에 링귀네를 넣고 6~7분간 삶아 건지고, 면수는 따로 담아놓고,

2 중간 불로 달군 팬에 올리브오일(1)을 두른 뒤 다진 마늘, 다진 양파를 노릇하게 볶고,

3 면수(1/4컵)를 넣고 라구소스, 생크림을 넣고 끓이다가 소금, 후춧가루로 간하고 삶은 링귀네를 넣고 걸쭉하게 졸이고,

4 농도가 걸쭉해지면 불을 끄고 파르메산 치즈가루를 넣어 고루 버무린 뒤 접시에 담아 부라타치즈, 이탈리안 파슬리, 트러플오일을 올려 마무리.

요리 TIP
로제소스에 부드러운 부라타치즈를 올려 고소하고 담백한 맛으로 아이들이 아주 좋아할 만한 파스타예요. 부라타치즈는 뜨거울 때 넣으면 수분으로 녹아 사라져 버리는 연성치즈이므로 불을 끈 뒤 맨 마지막에 올려주어야 합니다.

RISOTTO & SALAD

CHAPTER 07

파스타와 함께 먹으면 더 맛있는
RISOTTO & SALAD

Oyste Leek Cream Risotto 생굴 대파 크림 리소토

Four Mushroom Cream Risotto 4가지 버섯 크림 리소토

Cuttlefish Fry Squid Ink Risotto 한치튀김 먹물 리소토

Perilla Seeds Grilled Mushroom Cream Risotto 들깨 버섯구이 크림 리소토

Truffle Pesto Risotto 트러플페스토 리소토

Insalata Caesar 시저 샐러드

Insalata Di Manzo 안심스테이크 샐러드

Insalata Di Verdure Alla Griglia Avocado 구운채소 아보카도 샐러드

Insalata Salmone 연어 샐러드

Insalata Fritto Bufalo Nero Di Sepia 버팔로 먹물 튀김 샐러드

생굴 대파 크림 리소토
OYSTER LEEK CREAM RISOTTO

이렇게 준비해요

필수재료
쌀(130g), 생굴(80g), 다진 대파(2), 다진 양파(1), 건고추(1개), 버터(1), 파르메산 치즈가루(1)

소스
올리브오일(1), 생크림(1컵)

양념
다진 마늘(1/4), 소금(약간), 후춧가루(약간)

선택재료
아스파라거스(1줄기), 브로콜리(2~3조각)

만드는 법

1 쌀은 깨끗이 씻어 20분간 물에 담가 불린 뒤 체에 밭쳐 물기를 빼고,

2 생굴은 흐르는 물에 깨끗이 씻어 체에 밭쳐놓고, 아스파라거스는 껍질을 벗겨 6~7cm 길이로 어슷 썰고, 브로콜리는 끓는 소금물에 1분간 데쳐 건지고,

3 중간 불로 달군 팬에 올리브오일(1)을 두른 뒤 다진 마늘, 다진 대파, 다진 양파, 아스파라거스, 건고추, 브로콜리, 버터를 모두 넣고 살짝 볶고,

4 물(1 ½컵)을 넣은 뒤 불린 쌀을 넣고 중간 불로 8~10분 정도 익히고, 쌀이 익으면 생크림(1컵)을 넣고 끓이고,

5 생굴을 넣고, 소금, 후춧가루, 파르메산 치즈가루를 넣어 간한 뒤 먹기 좋은 농도로 걸쭉해지면 접시에 담아 마무리.

요리 TIP
불린 생쌀이기에 90% 이상 쌀이 충분히 익은 뒤 생크림과 생굴을 넣어야 굴의 향긋한 향을 그대로 살리며 맛있게 드실 수 있어요.

FOUR MUSHROOM CREAM RISOTTO

4가지 버섯 크림 리소토

이렇게 준비해요

필수재료
쌀(130g), 파르메산 치즈가루(3), 페타치즈(1), 카망베르치즈(1), 에멘탈치즈(1), 버터(1), 다진 양송이버섯(1/4컵), 다진 새송이버섯(1/4컵), 다진 느타리버섯(1/4컵), 다진 표고버섯(1/4컵)

소스
생크림(1컵)

양념
소금(약간), 후춧가루(약간)

선택재료
볶은 견과(다진 호두, 아몬드 슬라이스 약간)

만드는 법

1 쌀은 깨끗이 씻어 물에 담가 20분간 불린 뒤 체에 밭쳐 물기를 빼고, 견과류는 마른 팬에서 살짝 굽고,

2 팬에 물(1 ½컵)을 붓고 불린 쌀을 넣어 중간 불로 8~10분간 익히고, 수분이 부족하면 물을 조금 더 추가해 넣고,

3 파르메산 치즈가루(1), 페타치즈, 카망베르치즈, 에멘탈치즈를 넣은 뒤 소금으로 간해 접시에 담고,

4 다른 팬에 버터, 다진 버섯을 모두 넣고 중간 불에 살짝 볶다가 생크림(1컵), 파르메산 치즈가루(1)를 넣고 소금, 후춧가루로 간하고,

5 농도가 걸쭉해지면 접시에 담은 리소토 위에 붓고, 견과를 올리고 파르메산 치즈가루(1)를 뿌려 마무리.

요리 TIP
치즈소스를 따로 만들어 부으면 치즈의 그윽한 향과 풍미가 리소토에 잘 살아나요. 이런 이유로 동시에 조리해야 하므로 초보자들에게는 조금 어려울 수 있어요. 리소토를 먼저 완성시켜 놓고, 시간이 걸리더라도 버섯크림을 만들어 덮어줘야 맛있는 리소토가 됩니다. 천천히 조리해도 되니 꼭 따로 만들어 부어주세요.

한치튀김 먹물 리소토
CUTTLEFISH FRY SQUID INK RISOTTO

이렇게 준비해요

필수재료
쌀(130g), 한치(60g), 포도씨유(1L), 다진 양파(1), 파르메산 치즈가루(1)

소스
올리브오일(1), 시판 먹물소스(1), 토마토홀(2), 생크림(2)

양념
다진 마늘(1/4), 소금(약간), 후춧가루(약간)

튀김반죽
튀김가루(1컵)+얼음물(1컵)+다진 이탈리안 파슬리(약간)

만드는 법

1 쌀은 깨끗이 씻어 물에 담가 20분간 불린 뒤 체에 밭쳐 물기를 빼고,

2 한치는 깨끗이 손질해 한입 크기로 슬라이스하고, 볼에 튀김반죽 재료를 모두 넣어 섞고,

3 튀김냄비에 포도씨유(1L)를 붓고 불에 올려 180℃로 예열하고, 한치는 튀김반죽에 묻혀 1~2분간 바삭하게 튀기고,

4 중간 불로 달군 팬에 올리브오일(1)을 두른 뒤 다진 마늘, 다진 양파를 넣고 노릇하게 볶고,

5 물(1 ½컵)을 부은 뒤 불린 쌀을 넣고 중간 불로 8~10분간 익히고, 수분이 부족하면 물을 조금 더 추가해 넣고,

6 쌀이 어느 정도 익어 반투명해지면 먹물소스(1), 토마토홀(2), 생크림(2), 파르메산 치즈가루를 넣고 끓이다가 걸쭉지면 접시에 담아 튀긴 한치를 올려 마무리.

요리 TIP
먹물소스를 넣을 때 토마토소스와 생크림을 2스푼씩 넣어주면 먹물의 비린맛과 짠맛을 잡아줄 뿐 아니라 적은 양의 먹물소스로도 진한 색감과 맛과 풍미를 더할 수 있어요.

들깨 버섯구이 크림 리소토

PERILLA SEEDS GRILLED MUSHROOM CREAM RISOTTO

이렇게 준비해요

필수재료
쌀(130g), 표고버섯(2개), 새송이버섯(1/2개), 양송이버섯(2개), 마늘(2쪽), 들깻가루(2), 파르메산 치즈가루(1)

소스
물(1 ½컵), 생크림(1컵)

양념
소금(약간), 후춧가루(약간)

선택재료
블랙올리브(2개)

만드는 법

1 쌀은 깨끗이 씻어 물에 담가 20분간 불린 뒤 체에 밭쳐 물기를 빼고,

2 표고버섯은 반으로 자르고, 새송이버섯은 한입 크기로 썰고, 양송이버섯은 4등분하고, 마늘은 납작 썰고,

3 중간 불로 달군 팬에 표고버섯, 새송이버섯, 양송이버섯, 편마늘, 블랙올리브를 넣어 노릇하게 볶고,

4 물(1 ½컵)을 붓고 불린 쌀을 넣어 중간 불로 8~10분 정도 익히고, 수분이 부족하면 물을 조금 더 추가해 넣고,

5 쌀이 어느 정도 익어 반투명해지면 생크림(1컵)을 붓고 끓어오르기 시작하면 들깻가루, 파르메산 치즈가루를 넣고 끓이다가 걸쭉해지면 마무리.

요리 TIP
들깻가루를 너무 일찍 넣으면 고소한 풍미가 다 사라지므로, 맨 마지막 과정에서 생크림이 들어갈 때 농도만 맞춰 넣어 특유의 고소한 맛을 살려주세요. 완성된 리소토를 접시에 담은 후 파르메산 치즈가루에 들깻가루를 섞어서 뿌리면 더 맛있어요.

트러플페스토 리소토
TRUFFLE PESTO RISOTTO

이렇게 준비해요

필수재료
쌀(130g), 마늘(1쪽), 표고버섯(2개),
양송이버섯(2개), 새송이버섯(1/2개),
파르메산 치즈가루(2), 트러플오일(1/2)

소스
올리브오일(1), 생크림(1/2컵),
트러플페스토(1 ½)

양념
소금(약간), 후춧가루(약간)

선택재료
블랙올리브(2개)

만드는 법

1 쌀은 깨끗이 씻어 물에 담가 20분간 불린 뒤 체에 밭쳐 물기를 빼고,

2 마늘은 납작 썰고, 표고버섯, 양송이버섯, 새송이버섯은 모두 얇게 슬라이스하고,

3 중간 불로 달군 팬에 올리브오일(1)을 두른 뒤 편마늘, 표고버섯, 양송이버섯, 새송이버섯, 블랙올리브를 넣고 노릇하게 볶고,

4 물(1 ½컵)을 붓고 불린 쌀을 넣어 중간 불로 8~10분간 익히고, 이때 수분이 부족하면 물을 조금 더 추가해 넣고,

5 쌀이 어느 정도 익어 반투명해지면 생크림(1/2컵), 트러플페스토(1 ½)를 넣고 고루 버무리고,

6 파르메산 치즈가루(1), 소금, 후춧가루를 넣고 간한 뒤 농도가 걸쭉해지면 접시에 담아 트러플오일(1/2), 파르메산 치즈가루(1)를 뿌려 마무리.

요리 TIP

트러플페스토는 시판 제품을 사용하면 됩니다. 트러플페스토를 넣어야 트러플의 향과 맛이 더해져서 훨씬 맛있어져요. 페스토를 넣을 때는 불을 끄고 살짝 비비는 느낌으로 가볍게 섞어야 고유의 향이 날아가지 않습니다. 쌀알은 살짝 덜 익은 듯 익혀 주세요. 마지막에 트러플오일을 뿌리면 맛과 향이 배가됩니다.

시저 샐러드
INSALATA CAESAR

이렇게 준비해요

필수재료
통로메인(100g), 안초비(3개), 구운 견과류(1), 베이컨(3장), 파르메산 치즈가루(2)

시저드레싱(2~3)
마요네즈(2)+다진 안초비(2개 분량)+포메리머스터드(약간)+와인식초(약간)+타바스코(약간)+다진 양파(약간)

소스
발사믹 글레이즈(1), 바질페스토(1)
(*바질페스토 레시피는 179p 참고)

양념
소금(약간), 후춧가루(약간)

선택재료
그라나파다노치즈(약간)

만드는 법

1 로메인은 작은 것은 2등분, 큰 것은 밑동에 4등분으로 칼집을 내어 손으로 쭉 찢고,

2 볼에 시저드레싱 재료를 고루 섞은 뒤 견과류를 넣고,

3 팬에 베이컨을 넣어 앞뒤로 바삭하게 굽고,

4 볼에 로메인, 시저드레싱을 넣어 고루 버무린 뒤 접시에 담고 위에 구운 베이컨을 올리고,

5 발사믹 글레이즈(1), 바질페스토(1), 안초비(3개), 파르메산 치즈가루를 뿌리고, 그라나파다노치즈를 갈아 올려 마무리.

요리 TIP

치즈는 빨리 상하기 때문에 시저드레싱을 만들 때 미리 넣지 않아요. 마지막에 치즈를 갈아 넣으면 풍미가 더욱 살아요. 통로메인은 물과 얼음을 4:1 비율로 만든 차가운 물에 2~3분간 담가두어 물기를 완전히 빼주면 아삭한 식감이 살아나 더욱 싱싱한 샐러드를 맛볼 수 있어요.

안심스테이크 샐러드
INSALATA DI MANZO

이렇게 준비해요

필수재료
로메인(10g), 라디치오(10g), 워터크레송(10g),
쇠고기(안심, 120g), 표고버섯(1개),
양송이버섯(1개), 새송이버섯(1/2개),
가지(1/5개), 애호박(1/5개)

만다린소스(2)
오렌지마멀레이드(50g)+다진 실파(20g)+
다진 청양고추(20g)+다진 블랙올리브(10g)+
올리브오일(160g)+참기름(50g)+간장(50g)+
식초(50g)+꿀(20g)

소스
올리브오일(1), 발사믹 글레이즈(1)

양념
소금(약간), 후춧가루(약간)

선택재료
방울토마토(3~4개)

만드는 법

1. 볼에 만다린소스 재료를 모두 넣고 고루 섞어 소스를 만들고, 방울토마토는 2등분하고,

2. 만다린소스가 담긴 볼에 로메인, 라디치오, 워터크레송, 방울토마토를 넣어 버무리고,

3. 쇠고기는 4등분하고, 표고버섯, 양송이버섯, 새송이버섯, 가지, 애호박은 한입 크기로 썰고,

4. 중간 불로 달군 팬에 올리브오일(1)을 둘러 안심과 표고버섯, 양송이버섯, 새송이버섯, 가지, 애호박을 넣고 노릇하게 굽고,

5. 소스에 버무린 샐러드, 안심, 표고버섯, 양송이버섯, 새송이버섯, 가지, 애호박을 접시에 담아 발사믹 글레이즈(1)를 뿌려 마무리.

요리 TIP
로메인, 라디치오, 워터크레송은 차가운 물에 헹궈 물기 제거를 해 아삭한 식감을 살려주는 게 좋아요. 안심과 버섯을 구울 때는 자주 뒤집지 않고 한쪽 면씩 색을 내며 굽는 것이 포인트. 오일도 2~3번에 나눠서 조금씩 넣는 것이 좋아요. 기름이 처음부터 흥건하면 채소의 즙이 다 빠지고 고기도 질겨진답니다.

구운채소 아보카도 샐러드
INSALATA DI VERDURE ALLA GRIGLIA AVOCADO

이렇게 준비해요

필수재료
워터크레송(30g), 아보카도(1/2개),
적파프리카(1/3개), 양파(1/4개), 애호박(1/5개),
양송이버섯(1개), 새송이버섯(1개)

레몬드레싱(2)
레몬즙(100g)+맛소금(2g)+올리브오일(230g)
+꿀(30g)

소스
올리브오일(2), 발사믹 글레이즈(1)

양념
소금(약간), 후춧가루(약간)

선택재료
파르메산 치즈가루(3), 블랙올리브(2개),
타임(2줄기)

만드는 법

1 약한 불로 달군 팬에 파르메산 치즈가루를 얇게 뿌려 1~2분간 구운 뒤 둥글게 모양을 내어 치즈칩을 만들고,

2 워터크레송에 레몬드레싱(2)을 넣어 버무리고, 아보카도는 반 잘라 씨를 제거한 뒤 껍질을 벗겨 얇게 슬라이스하고,

3 적파프리카는 1.5~2cm 두께로 길게 자르고, 양파는 1cm 두께로 슬라이스 해 반 자르고, 애호박, 양송이버섯, 새송이 버섯은 한입 크기로 자르고,

4 중간 불로 달군 팬에 올리브오일(2)을 두른 뒤 적파프리카, 양송이버섯, 새송이버섯, 애호박, 양파, 블랙올리브를 넣고 구워 노릇하게 색이 나면 약한 불로 줄여 완전히 익히고,

5 접시에 치즈칩을 올리고 그 위에 구운 채소-아보카도-워터크레송 순으로 올리고,

6 발사믹 글레이즈(1)를 뿌린 뒤 타임을 올려 마무리.

요리 TIP
오븐이 있으면 중간 불로 달군 팬에서 색을 낸 뒤 200℃로 예열된 오븐에서 5분간 익히고,
오븐이 없으면 중간 불로 달군 팬에서 색을 낸 뒤 불을 줄여 약한 불에서 3~4분간 더 익히면 돼요.

연어 샐러드
INSALATA SALMONE

이렇게 준비해요

필수재료
방울토마토(2개), 로메인(10g), 양상추(10g), 라디치오(10g), 워터크레송(10g), 연어(80g)

레몬드레싱(2)
레몬즙(100g)+맛소금(2g)+올리브오일(230g)+꿀(30g)

소스
발사믹 글레이즈(1)

양념
소금(약간), 후춧가루(약간)

선택재료
적양파(30g), 케이퍼(1/2), 블랙올리브(3개), 그린올리브(3개), 핑크페퍼(4~5개)

만드는 법

1 적양파는 얇게 슬라이스해서 얼음물에 담가 놓고, 방울토마토는 4등분하고, 로메인, 양상추, 라디치오, 워터크레송은 깨끗이 씻어 물기를 빼고,

2 볼에 레몬드레싱 재료를 모두 섞어 레몬드레싱을 만들고,

3 레몬드레싱(1)과 방울토마토, 로메인, 양상추, 라디치오, 워터크레송을 넣고 고루 버무려 접시 한쪽에 올리고,

4 볼에 레몬드레싱(1)과 연어, 적양파, 케이퍼, 블랙올리브, 그린올리브를 넣고 고루 버무려 접시 반대쪽에 올리고,

5 발사믹 글레이즈(1)를 뿌린 뒤 후춧가루, 핑크페퍼를 뿌려 마무리.

요리 TIP
적양파는 얼음물에 4~5분간 담가두면 아삭한 식감은 살고 매운맛은 빠져나가 더욱 맛있는 연어 샐러드를 드실 수 있어요.

버팔로 먹물 튀김 샐러드
INSALATA FRITTO BUFALO NERO DI SEPIA

이렇게 준비해요

필수재료
로메인(10g), 라디치오(10g), 워터크레송(10g), 양상추(10g), 포도씨유(1L), 버팔로치즈(1/2개), 파르메산치즈(2)

칠리토마토소스(1/2컵)
토마토홀(1/2컵)+페페론치노(약간)+후춧가루(약간)

레몬드레싱(1)
레몬즙(100g)+맛소금(2g)+올리브오일(230g)+꿀(30g)

소스
발사믹 글레이즈(1)

양념
소금(약간), 후춧가루(약간)

먹물튀김반죽
튀김가루(1컵)+얼음물(1컵)+먹물소스(1)

만드는 법

1 볼에 레몬드레싱 재료를 모두 넣고 고루 섞어 레몬드레싱을 만들고, 로메인, 라디치오, 워터크레송, 양상추는 깨끗이 씻어 물기를 빼고, 버팔로치즈는 한입 크기로 자르고,

2 볼에 레몬드레싱(1)과 로메인, 라디치오, 워터크레송, 양상추를 넣고 고루 버무려 접시 한쪽에 올리고,

3 냄비에 칠리토마토소스 재료를 모두 넣고 한 번 끓어오르면 불에서 내려 식히고,

4 튀김냄비에 포도씨유를 부어 180℃로 예열하고, 먹물튀김반죽에 버팔로치즈를 담가 튀김옷을 입힌 뒤 1분간 가볍게 튀기고,

5 접시에 칠리토마토소스(1/2컵)를 담고 버팔로 튀김을 올린 뒤 파르메산 치즈를 갈아 뿌리고, 발사믹 글레이즈(1)를 뿌려 마무리.

요리 TIP
버팔로치즈는 아주 부드러운 연성치즈이기 때문에 180~190℃ 온도의 기름에서 1분간 아주 가볍게 한 번만 튀겨내는 것이 포인트예요. 재료 자체가 수분이 많은 치즈이므로 바삭한 식감보다는 쫀득한 식감의 치즈 튀김을 함께 먹을 수 있는 이색 샐러드입니다.

PLUS RECIPE
미리 만드는 파스타 소스 & 피클

1 라구소스
2 포르치니소스
3 바질페스토
4 백명란오일소스
5 '비니에올리'표 수제 피클

라구소스

이렇게 준비해요

필수재료
양파(250g), 당근(120g), 셀러리(120g), 양송이버섯(120g), 다진 쇠고기(500g), 레드와인(1/2컵)

소스
토마토홀(1/2캔=1400g)

양념
올리브유(2), 다진 마늘(2), 소금(4g), 후춧가루(약간), 고춧가루(1)

선택재료
파르메산 치즈가루(1컵)

만드는 법

1 양파, 당근, 셀러리, 양송이버섯은 잘게 다지고,
2 중간 불로 달군 팬에 올리브유(2)를 두르고 다진 마늘을 넣어 색이 나도록 볶고,
3 다진 채소와 쇠고기를 넣고 수분기가 없도록 바싹 볶고,
4 레드와인(1/2컵)을 넣고 다시 한 번 수분이 없을 정도로 졸이고,
5 알코올이 날아가고 소스가 살짝 자박해지면 소금, 후춧가루, 고춧가루, 토마토홀을 넣고 20분간 중약 불에 끓이고,
6 파르메산 치즈 가루를 넣고 고루 섞은 뒤 불을 끄고 마무리.

요리 TIP
라구소스는 천천히 오래 끓이면 쇠고기의 풍미가 살아납니다. 식으면서 농도가 되직해지기 때문에 마지막에 조금 묽다 싶을 때 불을 끄면 적당한 농도가 됩니다.

보관법 냉장 보관 3일, 냉동 보관 14일까지 가능.

포르치니소스

이렇게 준비해요

필수재료
건포르치니(30g), 건표고버섯(30g), 본레스햄(600g), 물(1500ml)

양념
소금(2g)

만드는 법

1 건포르치니, 건표고버섯은 팬에 1~2분간 볶은 뒤 물(500ml)을 부어 10분간 끓여 믹서에 곱게 갈고,
2 본레스햄은 잘게 다진 뒤 마른 팬에 넣고 약한 불에 수분기가 없어지도록 10분간 볶고,
3 남은 물(1000ml)을 부어 중간 불에서 10분간 끓인 뒤 곱게 간 포르치니와 표고버섯을 넣고 소금으로 간해 마무리.

요리 TIP

완성된 소스를 바로 먹을 게 아니라면 완전히 식혀서 1인분(100g)씩 소분한 뒤 얼려서 보관하면 사용하기 더욱 편해요.

보관법 냉장 보관 7일, 냉동 보관 14일 가능.

바질페스토

이렇게 준비해요

필수재료
잣 또는 호두(50g), 바질(100g), 마늘(2~3쪽), 올리브오일(1/2컵)

양념
파르메산치즈(20g), 소금(2g)

만드는 법

1 마른 팬에 잣(또는 호두)을 넣고 살짝 볶아 수분을 날리고,
2 믹서에 바질, 마늘, 잣(또는 호두), 파르메산치즈, 올리브오일을 모두 넣고 간 뒤 소금으로 간을 맞춰 마무리.

요리 TIP
소스의 농도가 옅으면 치즈를 조금 더 넣고 너무 되직하면 올리브오일을 추가해서 한 번 더 믹서에 갈아주세요. 견과류(잣 또는 호두)는 살짝 볶아서 수분기를 날려 사용하면 좀 더 맛이 고소해집니다. 올리브오일은 포머스 혹은 엑스트라버진을 사용하면 됩니다.

보관법 냉장 보관 7일, 냉동 보관 28일 가능. 냉동 보관했던 페스토는 냉장 해동을 권하고, 바질의 색이 갈변했을 시 믹서에 모두 넣고 바질을 좀 더 넣어 같이 갈면 색을 살릴 수 있어요.

백명란오일소스

이렇게 준비해요

필수재료
백명란(100g), 블랙올리브(20g),
이탈리안 파슬리(약간),
로즈메리(약간), 타임(약간),
마늘(50g)

양념
올리브오일(50g), 후춧가루(약간)

만드는 법

1. 중간 불로 달군 팬에 올리브오일(1)를 두른 뒤 명란을 넣고 앞뒤로 살짝 구워 반만 익힌 뒤 식히고,
2. 블랙올리브, 이탈리안 파슬리, 로즈메리, 타임은 잘게 다지고, 마늘은 편으로 썬 뒤 올리브오일(1)을 두른 팬에서 살짝 굽고,
3. 믹싱 볼에 명란을 넣고 손으로 거칠게 다진 뒤 블랙올리브, 이탈리안 파슬리, 로즈메리, 타임, 구운 마늘을 넣고 고루 섞고,
4. 올리브오일(50g)을 조금씩 넣은 뒤 후춧가루를 고루 섞어 마무리.

요리 TIP
명란오일소스에 들어가는 명란은 보관상의 이유로 거칠게 으깨주는데요. 파스타를 만들 때에는 거칠게 으깬 명란을 나무주걱이나 수저를 이용해 다시 곱게 부숴 사용하면 파스타의 맛과 향이 더 좋아집니다.

보관법 냉장 보관 7일~10일 가능. 냉동 시에는 맛이 급변하므로 반드시 냉장 보관하며, 빨리 섭취해야 합니다.

'비니에올리'표 수제 피클

이렇게 준비해요

필수재료
무(1/3개), 비트(1/4개), 브로콜리(3조각), 꽈리고추(3~4개), 물(800ml), 식초(270ml)

양념
피클링스파이스(10g), 소금(50g), 황설탕(300g)

만드는 법

1 무와 비트는 0.3cm의 얇은 두께로 한입 크기로 썰고, 브로콜리는 한입 크기로 썰고, 꽈리고추는 꼭지를 떼고 포크로 찔러 구멍을 내고,
2 냄비에 물(800ml), 피클링스파이스, 소금, 황설탕을 넣고 센 불에 올려 끓어오르면 불을 끈 뒤 식초를 넣어 고루 섞어 피클주스를 만들고,
3 저장병에 손질한 채소를 모두 담고 체를 받친 채 끓인 피클주스를 부어 실온에서 식힌 뒤 냉장실에 넣어 마무리.

요리 TIP

피클주스는 따듯할 때 부어줘야 무의 아삭한 식감을 살릴 수 있고 비트의 색도 예쁘게 난답니다. 실온에서 다 식힌 뒤에는 반드시 냉장 보관을 해주세요.

보관법 냉장 보관 30일 가능. 김치냉장고에 두면 더 오랫동안 아삭한 식감을 맛볼 수 있습니다.

Delicious Pasta